Aguamarina

EL PODER DE
SANAR TU INFANCIA

Cómo hackear **tu pasado**
para crear **tu mejor futuro**

OBERON

Dedicatoria

Para Ángela y Saúl, que me conectan cada día
con mi niña interior.

ÍNDICE

ANTES DE EMPEZAR

Creo en mí, cree en ti

Tú eres tu propio maestro. Tú creas tu propio futuro.
Proverbio indio

Era el primer día de clase en la facultad de psicología y un profesor, bajito y escaso de pelo, nos miró por encima de sus gafas redondas, guardó silencio unos segundos y con una voz grave empezó a decir:

—Una de dos: están ustedes aquí porque quieren ayudar a la gente o bien porque no son muy normales.

Y luego añadió:

—Pero no se preocupen, de cerca nadie es normal. ¿O acaso sus padres eran normales?

El ambiente tenso del primer día explotó en un montón de carcajadas que todavía recuerdo. El profesor, que después supe que era de los más apreciados por el alumnado de la facultad, aprovechó ese momento de distensión para ponerse serio en su discurso:

—Cada uno de ustedes ha venido aquí cargando una mochila. Una mochila, pero no como esta —dijo cogiendo la mochila de uno de los alumnos de primera fila—. Es una mochila que no se ve, repleta de experiencias, de ilusiones, de frustraciones, de heridas del pasado... Cómo han sido cuidados, los miedos que han ido absorbiendo, las palabras que les han dedicado... todo eso es la base de quienes son ahora, y es lo que les ha traído hasta aquí hoy.

Avanzó unos pasos por el pasillo central del aula y comenzó a señalar con el dedo a varios alumnos, que lo miraban entre sorprendidos y asustados mientras disparaba sus palabras:

—Usted, usted y usted... Si están aquí hoy, con el deseo de convertirse en la nueva generación de psicólogos, como mínimo tienen que empezar a vaciar esa mochila. Ser un buen profesional de la psique humana comienza necesariamente con tener el coraje de mirar hacia dentro y enfrentar sus fantasmas. Solo así podrán ayudar genuinamente a los demás.

El aula quedó inmersa en un profundo silencio.

Han pasado más de veinticinco años desde aquel día, pero lo cierto es que no comprendí por completo aquellas palabras hasta que me convertí en madre en 2010. Entonces, en pleno puerperio y sintiendo que esa mochila que llevaba era demasiado pesada y asfixiante, hice un proceso muy profundo de afrontar mi propia historia. Por primera vez pude entender todo lo que no fue atendido, ni escuchado, ni comprendido de mi propia infancia. Fue tan revelador y me dio tanta claridad que sentí como si en mi vida se encendiera de pronto la luz. Aquello fue el inicio de una transformación muy impactante, comencé a entender la fusión emocional que tenía con mi hija y la relación directa que esto tenía con mi niña interior.

Mi formación académica como psicóloga cognitiva conductual se quedaba muy lejos de explicar lo que estaba experimentando en mí misma, así que inicié una búsqueda de respuestas que me llevó a tomar consciencia de que somos mucho más que un cuerpo y una mente.

Comencé a comprender la relación profunda entre nuestra esfera mental, la emocional y nuestro cuerpo energético y espiritual. Llegar a ese conocimiento (que es común en todos los pueblos iniciáticos del mundo desde hace milenios) cambió mi perspectiva de mí misma y de mi verdadero potencial. Empecé a creer en mí.

Entonces me especialicé en herramientas muy poderosas, como la aromaterapia y las terapias energéticas, dejé mi trabajo como funcionaria en educación pública y me propuse ayudar a otras personas a conocerse a sí mismas, para sanar y liberarse de todo aquello que les impide ser quienes son.

Hoy, tras haber acompañado a miles de personas en consulta, así como en mis formaciones y experiencias de desarrollo personal holístico, puedo confirmar que la gran mayoría de personas se conforman con una vida gris y sin sentido. Se pasan los años haciendo lo que les han dicho que tienen que hacer y no miran su propia mochila. Solo la arrastran a diario, a veces con quejas, a veces con tristeza y agotamiento, y lo más común: simplemente la cargan, conformados, sin plantearse que otra forma de vivir, más alineada y plena, es posible.

Será por eso que el autor Ken Robinson dice que la verdadera crisis que lastra la sociedad no es económica ni climática, sino que es el uso ineficiente de los recursos humanos.

La mayoría de la gente pasa por la vida sin tener un rumbo muy claro, quedando prisioneros de su mente y de sus traumas, y pensando que no son buenos en nada, ni que pueden crear su vida soñada. La primera consecuencia de esto es que la gente no es feliz y no disfruta de lo que hace, ni de su día a día, solo disfruta de saber que en algún momento llegará el viernes.

Por eso, mi primera obligación (y la tuya si estás leyendo esto) es asegurarme de que tu potencial humano esté bien aprovechado. ¿Es fácil lograr esto? Claro que no. Lo fácil es ponerse una serie hasta el lunes, pero aquellas personas que se atreven a entender quiénes son, a revisar su historia, a comprender las creencias y programaciones que tuvieron que aceptar en su infancia y que les han definido hasta el día de hoy, entonces, esas personas, comienzan a creer en sí mismas y pueden, sin duda alguna, volar sin límites y cantar a pleno pulmón aquella canción revolucionaria de Loquillo, el del tupé:

Defendí el derecho a ser yo mismo y lo logré.
Creo en mí.

Este libro tiene el objetivo honesto, pero ambicioso, de llevarte a creer en ti y desatar tu verdadero poder. Solo que para ello tienes que soltar todo ese peso, esas ideas erróneas que aceptaste sobre ti o sobre la vida, que recuerdes quién eres en realidad, que sanes tus heridas y desentierres tus talentos y los uses, para que así puedas comenzar a experimentar la vida grandiosa y alineada a tu esencia que mereces y anhelas.

¿Y por dónde se empieza?

Yendo a lo más profundo, a la raíz, a la base de todo, a tu infancia, a tu niña interior.

Si quieres empezar a vivir con más ligereza y ser la líder de tus pensamientos y emociones, y no su esclava, lo más amoroso, responsable y liberador que puedes hacer por ti misma y por los tuyos es mirar ahí, en la mochila que no se ve.

Con amor,

Aguamarina

P. D.: Por eso quiero hacerte una pregunta ahora: ¿te comprometes de verdad a explorar dentro de ti y liberarte?

Marca aquí debajo **Sí, me comprometo** y firma con tu nombre, por favor. Un pequeño gesto que deja claro que vas a comenzar este viaje de sanación que no tiene marcha atrás.

Sí, me comprometo.

Fecha: _____   Nombre: _____

                                        Firma: _____

Este libro funciona así

Este libro es un viaje iniciático y eso quiere decir que es un proceso de transformación que requiere soltar, dejar ir aquellos aspectos de ti misma que no sirven más a tu existencia. Así podrás abrir espacio y dar lugar al nacimiento y a la evolución de tu verdadera esencia, quien tú eres en todo tu potencial.

Para ello, voy a llevarte de la mano por un camino de 5 estaciones, desde tu pasado hasta tu futuro, que te llevarán a otro nivel de consciencia y de empoderamiento.

Lo que
necesitaste
(1)

Lo que
te dieron
(2)

Lo que
te hirió
(3)

Lo que
te sana
(4)

Tu verdadero
poder
(5)

Este es tu recorrido:

Conociendo tus **necesidades primarias** y la relación con tu infancia, comenzarás a comprenderte mejor y a darte cuenta de cuáles están en carencia, pendientes de ser satisfechas. Entonces, ya tendrás muchas pistas sobre de dónde vienen tus reacciones emocionales, tus bloqueos, tus resistencias y todo aquello que te está impidiendo a día de hoy desplegar la vida que quieres **(1)**.

Con esa base, entra el proceso de tomar consciencia de cómo eran tus figuras referentes de apego en tu infancia. Estoy hablando, sobre todo, de **tu madre y tu padre** (o las personas que te criaron) y de lo que te dieron para satisfacer tus verdaderas necesidades **(2)**.

Ellos tuvieron (o tienen todavía) la llave de tu universo interior, donde permanecen esos **traumas y heridas emocionales** que son los que en realidad mueven los hilos de tu vida adulta **(3)**.

Pero, aunque conocer y comprender tus heridas de la infancia y cómo te afectan ya es muy revelador, de nada sirve si no aprendes buenas herramientas y sistemas que te conduzcan a la autosanación holística, es decir, a la que atiende todos los niveles del ser: físico, mental, emocional y energético.

Para ello, aprenderás a transformar tu percepción y la interpretación emocional que tienes de tus experiencias del pasado para reprogramarlas a tu favor con el método HACKEAR **(4)**.

Cuando ya hayas empezado a forjar esas herramientas poderosas que te permitan eliminar y trascender los nudos, las tensiones y los bloqueos de tu vida, y estés en ese camino de liberación con compromiso, de manera progresiva empezarás a notar cómo tu autopercepción mejorará, tu amor propio se expandirá y tu comprensión de estar viviendo una vida sagrada nacerá.

En ese momento, comenzarás a entrar en contacto con **tu verdadero poder (5)**. Empezarás a comprender que las claves para multiplicarlo están en desplegar tus dones al servicio de tu propósito, y eso te llevará a un lugar de fortaleza interna, donde la decisión, la soberanía y la libertad, a todos los niveles, resonarán en cada aspecto de tu vida, reflejando la profunda transformación de llevar a tu niña interior hacia la maestra interna que hay en ti.

Estos cinco puntos transcurren en el sendero de este viaje iniciático, pero como siempre digo en todos mis cursos y formaciones: no te limites a aceptar lo que te digan; más bien, abre tu mente, date la oportunidad de sumergirte en la experiencia y descubre tu verdad desde tu propio sentir y discernimiento. Cree en ti.

Cómo usar este libro y por qué no debes compartirlo

Te voy a ir proponiendo algunos conceptos teórico-prácticos que recogen muchos años de formación, de estudio y de experiencia con miles de personas a las que he tenido el honor de acompañar con mi trabajo. Si consigo transmitirlos de una forma clara, es decir, que puedas comprenderlos bien y que te lleguen, seguramente tendrás la voluntad de poner en práctica los ejercicios de indagación personal y las prácticas que los acompañan. Eso es lo mejor de todo, porque si pones en práctica las propuestas (por muy locas que te puedan parecer algunas), es cuando la magia comenzará a suceder y sentirás más comprensión, más alivio, más ligereza, más alegría, y llegarán cosas buenas, cosas increíbles a tu vida.

Recuerda esto:

*El crecimiento y la evolución
solo aparecen cuando te animas a ponerte en acción.*

Es decir, cuanto más te permitas hacer, más transformación te vas a llevar. Así de simple y de poderoso.

Mi recomendación es que hagas los ejercicios a medida que los vas encontrando. Si sigues avanzando en la lectura pensando «ya los haré más tarde», eso se llama procrastinación y, como te puedes imaginar, esta tendencia está muy relacionada con las heridas de tu infancia que no te conviene perpetuar. Así que te animo a que te retes y desafíes ese impulso de no hacer, para comenzar a hacer de verdad. El resultado vale muchísimo la pena.

Por cierto, el idioma español es maravilloso y de una gran riqueza léxica, pero no tiene un género neutro que incluya a todas las personas, así que con total respeto por todos los seres sintientes (como dicen los indios lakota), por un tema de claridad y consistencia, de no distraer cambiando de género y de facilitar la lectura, he optado por escribirlo en femenino en su mayoría. Si eres varón, siéntete reconocido en todo momento.

Es posible que este libro te remueva emocionalmente, porque vas a tomar consciencia de experiencias que han sido dolorosas en tu infancia o situaciones difíciles. En la cuarta parte del libro te voy a enseñar maneras eficaces y aplicables de gestionarlo. Además, ya puedes intuir que expresar las emociones dolorosas es muy sanador y liberador (lo cual es una muy buena señal de que estás haciendo el proceso de hackeo); lo que es perjudicial es negarlas y reprimirlas en el cuerpo sin darles salida.

Una última cosa. Te cuento algo: es muy probable que, cuando estés leyendo este libro, te entren muchas ganas de querer compartirlo y recomendarlo a los demás de inmediato. Bien, no lo hagas. Al menos, no de buenas a primeras.

Aun a pesar de que decirte esto puede no ir a mi favor, tengo que advertirte que cuando compartimos algo de forma rápida con los demás es debido a que sentimos que es algo con una energía de transformación tan fuerte, tan intensa, que nos abruma, nos cuesta manejarla y optamos por repartir la carga. Y eso es un gran error. Mejor tómatelo con calma, absorbe la información concentrada aquí poco a poco, con presencia, hazla tuya y ve integrándola a través de hacer los ejercicios y las propuestas que encontrarás dentro. Entonces, tus acciones y tu compromiso se irán haciendo tangibles y te irás convirtiendo en el ejemplo vivo de la transformación. Y, cuando las personas de tu vida empiecen a percibirlo y a preguntarte cómo lo has hecho, entonces, si te apetece, comparte tu secreto.

Un regalo inesperado

Lewis Hamilton, uno de los mejores pilotos de la historia de Fórmula 1, antes de competir tiene un ritual de preparación meticuloso. Escucha una música muy seleccionada, hace ejercicios para estirar, practica respiración consciente... todo para alcanzar ese estado mental de concentración y claridad óptimo que necesita para la carrera. Su ritual de preparación es crucial, puede cambiar por completo su ejecución en la pista.

Así que antes de comenzar este viaje interno de autosanación, que no te llevará al podio pero sí a la liberación de todo tu potencial, tengo algo para ti. Te sugiero que te permitas unos instantes para prepararte con tu propio ritual, aunque voy a darte unas sugerencias.

Este libro ha sido escrito acompañado con la sinergia aromática de naranja, canela y pícea (la esencia del abeto), una combinación de aceites esenciales muy acogedora y equilibrante que facilita a tu sistema límbico entrar en un estado de conexión con el ser. Aunque no dispongas de estos aceites, puedes evocar su aroma en tu mente (nunca subestimes el poder de la visualización mental) y, para conectar con tu centro y con el aquí y el ahora, te regalo mi visualización preferida, la que llamo *activación álmica*, para que puedes utilizarla como ritual de sintonización y apertura cada vez que inicies la lectura del libro (y siempre que tengas que hacer algo importante en tu vida).

Si prefieres escucharla en audio, puedes hacerlo desde aquí:

Preparación previa:

- Busca un lugar tranquilo y confortable.
- Puedes sentarte en una silla cómoda con las piernas sin cruzar y los pies apoyados en el suelo, preferiblemente.

- Mantén tu columna vertebral erguida, y si te cuesta hacerlo, al menos visualiza que tu columna vertebral está bien alineada con el centro de tu cuerpo.

- Las manos puedes colocarlas ahuecadas hacia arriba sobre tus piernas, en actitud de dar y recibir.

Pasos a seguir:

1. Toma una respiración profunda, llevando el aire hasta el fondo de tu vientre y exhalando con fuerza por la garganta.

2. Repítelo de nuevo dos veces más, e imagina que, al exhalar, sacas fuera conscientemente todas las tensiones y preocupaciones del día.

3. Centra tu atención ahora en tu conexión con la tierra, puedes visualizar unas raíces etéricas que te enraizan y te mantienen estable y segura.

4. Ahora conecta con tu chakra del corazón (esa rueda de energía ubicada en el centro de tu pecho).

5. Visualiza una esfera de luz que emana de tu corazón y que se va compactando y concentrando, haciéndose cada vez más y más pequeña.

6. Cuando toda tu atención esté concentrada en esa pequeña esfera de luz, toma una respiración profunda y visualiza cómo la luz se contrae hacia dentro, toma impulso y, al exhalar, se expande hacia fuera emanando muchos rayos luminosos.

7. Siente cómo del centro de tu pecho esa esfera de luz crece, crece y se expande hasta ocupar todo tu cuerpo.

8. Quédate unos instantes sintiendo el efecto armonizador de tu propia energía y prepárate para avanzar.

Ahora, si me acompañas, vamos a empezar a hablar de ti, y de cómo liberar el poder de sanar tu infancia.

VERDAD

VERDAD

VERDAD

VERDAD

VERDAD

VERDAD

VERDAD

VERDAD

VERDAD

VERDAD

VERDAD

VERDAD

VERDAD

PRIMERA PARTE: VEO MI NIÑEZ, VEO MI VERDAD

Lo que necesitas no es amor

Tu tarea no es buscar el amor, sino simplemente buscar y encontrar todas las barreras dentro de ti mismo que has construido contra él.

Rumi

Te has pasado toda tu vida buscando el amor, y ya va siendo hora de que entiendas que el amor que buscas ahí fuera, jamás lo vas a encontrar.

Respira un momento, voy a desvelar algo importante.

En 2016 pasé unas vacaciones deliciosas en París. Hice un intercambio de casa con una pareja de artistas que vivían en el segundo *arrondissement*, un lugar muy céntrico en el que el aroma de los *croissants* recién hechos en las *boulangeries* se colaba a primera hora entre los rayos de sol de las ventanas altas y estrechas de aquellos edificios de estilo Haussmann. Hacía un año que había perdido a un bebé, no conseguía quedarme embarazada de nuevo y estaba en un proceso doloroso de reencontrarme a mí misma. Fueron unas vacaciones muy sanadoras, al volver me quedé embarazada de mi hijo pequeño. Además, de niña siempre quise ir a la ciudad de la luz y en ese viaje tuve una experiencia preciosa que me llevó a comprender profundamente qué es el amor, de la forma más inesperada.

Una mañana calurosa de julio visité el Musée de l'Orangerie y pude sumergirme en el universo de *Les Nymphéas* de Claude Monet. Su gran proyecto, ese que le llevó tres décadas completar. Una sala ovalada en forma de infinito acoge una de las experiencias inmersivas más impresionantes en el mundo del arte. Se trata de las gigantescas pinturas de nenúfares de los jardines de Giverny, que crean un efecto tan envolvente que borra los límites entre el espectador y la obra.

Paseé por la sala recorriendo los cien metros lineales de jardín, me senté en el sofá, observé en una experiencia meditativa cada detalle de los nenúfares, las ramas de sauce, los reflejos de los árboles, las nubes... y comprendí con una claridad asombrosa, sintiéndola en el cuerpo, las palabras del propio Monet cuando diseñó su exposición: «un todo sin fin, una ola sin horizonte y sin orilla».

Ahí lo tienes, eso es el amor.

El amor no es una emoción de afecto profundo que buscas en el exterior y dispara a lo loco en tu sistema las hormonas de la felicidad. Eso es lo que te han hecho creer, pero no es más que una tergiversación de la realidad para mantenerte en un estado de dependencia y de desconexión de tu poder.

Lee esto con atención: *el amor es un estado superior de unión*.

¿Unión con qué?, me dirás.

Para empezar, con todas las partes de tu ser.

Desde que tu madre te engendró en su vientre, venías en completa conexión con tu esencia, con esa consciencia divina más grande y elevada que anima tu cuerpo y le da la vida. Llámalo *alma* si quieres («alma» proviene del latín «animare», que significa *infundir aliento de vida*). Por eso, si has tenido la oportunidad de tener a un bebé recién nacido en brazos, quizá tu propio hijo, habrás podido sentir al instante que ese bebé era cien por cien amor en estado puro. Tú fuiste también un bebé, solo que, en el momento en el que unos brazos ajenos te separaron de tu madre por primera vez, tu mente empezó a vivir **el estado de separación**.

Así fue como te olvidaste de esa unión, dejaste de confiar en tu escucha interna y comenzaste a buscar fuera cómo satisfacer tus necesidades, siempre esperando sentir de nuevo esa conexión con tu esencia. Nadie te explicó que solo se trataba de una separación ilusoria, que nunca fuiste separada de la fuente esencial de vida de la que provienes, porque siempre está disponible para ti, en todo momento, sean cuales sean tus circunstancias.

El amor es una palabra que tienes que resignificar para empezar a sanar. Debes entender que el amor es un vínculo que trasciende la simple atracción o el apego emocional. Es una fuerza muy superior que nos une con todo lo que nos rodea. Es una interconexión profunda e inefable con el universo, es la unidad de la que formamos parte.

El Dr. David R. Hawkins, gran investigador de las emociones y la consciencia, explica con rotundidad que el amor es un estado divino del ser, una presencia que está más allá de la dualidad y los juicios de la mente. Si investigas un poco te darás cuenta de que esto es algo que las culturas iniciáticas de todas partes del mundo nos vienen diciendo desde tiempos antiguos. El amor es el Gran Misterio que los chamanes nativos americanos cantan con sus tambores, que solo puede ser experimentado a través de la conexión de cada ser con la naturaleza y el universo. Es el Gran Espíritu.

Entonces, si no aceptas y reconoces ese estado de unión divina en ti misma, ¿cómo vas a reconocerlo fuera?

El amor es la aceptación plena de lo que es. No es buscar la perfección a la que aspira la mente, sino comprender que todo forma parte de un Todo mayor que lo contiene todo, un tejido de experiencias y existencias que se entrelazan a través de las líneas del tiempo.

Por tanto, quédate con esto:

El amor está en ti, en el reconocimiento de tu propia esencia divina y la unidad entre tu mente, cuerpo y consciencia.

Cuando la trinidad mente, cuerpo y consciencia está armonizada, es cuando se hace visible ese estado superior y trascendente de unión, un estado del ser en el que tu mente deja de dirigir tu vida desde sus programas, condicionamientos y heridas del pasado, y se siente una con todo. Ahí es cuando todo tu poder y tu sabiduría fluyen en abundancia.

No es una experiencia teórica. Es una fusión en la que ni siquiera distingues cuáles son tus células y cuáles son las de los árboles y la naturaleza. Es una unidad completa que transforma definitivamente tu manera de ser y estar en el mundo. Como la obra de Monet, cuya excepcional pintura no solo son los colores, pero están ahí; no solo son las formas, pero están ahí; no solo son las emociones del artista, pero están ahí. Es la unión de todos esos elementos lo que expresa una belleza palpable y extraordinaria con la que puedes fundirte en uno.

No necesitas amor, tú misma eres la encarnación del amor. Deja de buscarlo ahí fuera y comienza a explorarlo dentro de ti. Es el primer paso para sanar cualquier cosa en tu vida, y especialmente a tu niña interior.

Pregúntate ahora:

- ¿Dónde o en quién suelo buscar amor?
- ¿Puedo recordar un momento en mi vida en el que me haya sentido completamente conectada con mi entorno, con las personas a mi alrededor, o con una experiencia en particular?
- ¿He tenido experiencias que se podrían considerar trascendentales o espirituales, en las que sentí una conexión con algo más allá de lo tangible?

- ¿En qué situaciones he sentido que mi yo individual se disolvía para formar parte de un todo más grande?

Desvelando a Pandora

La infancia conoce el corazón humano.
Edgar Allan Poe

Era diciembre, poco antes de Navidad. Estaba en una terraza disfrutando del sol mientras tomaba café con una amiga de la facultad. Personalmente, creo que no hay nada mejor que tomar un café al sol del invierno en una mañana prenavideña. Mi amiga, que había vivido la mitad de su vida con una madre neurótica no diagnosticada, me miró con ojos vidriosos y dijo:

—He abierto la caja de Pandora.

Lo que era lo mismo que decir: «He comenzado a ir a terapia y he abierto el cajón doloroso de recuerdos de mi infancia».

A Pandora no se la comprende muy bien en la mitología griega. La primera mujer, creada por orden de Zeus para castigar a la humanidad por haber aceptado el regalo del fuego robado por Prometeo. Ella recibe la instrucción precisa de no abrir una caja que contiene todos los males del mundo. Sin embargo, Pandora, hermosa y curiosa, no puede resistir la tentación de abrirla y, desde entonces, se la ha culpado de todas las desdichas de la humanidad. Sin embargo, más bien representa a la valiente que se atreve a abrir la caja, enfrentándose a lo desconocido y lo oculto, para desencadenar auténticos procesos de transformación.

Todas cargamos nuestra propia «caja de Pandora» que está custodiada por nuestra niña interior, una caja llena de recuerdos reprimidos, traumas no resueltos, miedos ocultos, emociones no expresadas, heridas... Pero si quieres avanzar de verdad en la vida, acceder a una mayor comprensión de ti misma y a la verdadera sanación, tienes que atreverte a abrirla y poner luz a todo lo que ha metido ahí dentro tu niña interior.

Vamos a hacer un poco de historia para entender qué es ese concepto psicológico del *niño interior*, de dónde viene y qué tiene que ver contigo.

En los años cuarenta del siglo pasado, el psiquiatra Carl Gustav Jung, el discípulo de Sigmund Freud que le dio mil vueltas a su maestro, observó que, en los cuentos de hadas y en las mitologías antiguas, los protagonistas solían ser niños. Hansel y Gretel, Pulgarcito, Hércules, Remo y Rómulo... Niños que a menudo eran maltratados, pero que también acababan siendo salvadores. Esto le llevó a plantearse que el arquetipo del niño guarda un simbolismo crucial, representando el inicio, el crecimiento y la posibilidad de futuro y, por ello, es portador de la energía de la transformación, la fuerza innata que tiene el potencial para el cambio.

En toda nuestra vida atravesamos muchos duelos, pero en la infancia lo cierto es que vivimos un duelo detrás de otro, llevándonos cada uno a una transformación y un crecimiento. El duelo por la separación de la madre (al nacer, al comenzar la escuela...), el duelo del pensamiento mágico cuando descubres que no existen los Reyes Magos o los personajes fantásticos, el duelo de dejar atrás la infancia y afrontar nuevas etapas... A partir de observar todo esto, Jung comenzó a definir un concepto muy interesante al que llamó el concepto de individuación.

La individuación es un proceso personal que permite a cada persona descubrirse y conocerse a sí misma gracias a esa capacidad de transformación del niño que lleva dentro. Por eso Jung fue pionero en tener en cuenta el arquetipo del niño, aunque no llegó todavía a nombrarlo como «niño interior».

No fue hasta veinte años después, en los sesenta, cuando el psicólogo estadounidense Eric Berne, creador del análisis transaccional (una teoría que tiene como objetivo analizar los diferentes niveles de comunicación de los humanos), se propuso entender cómo los individuos se organizan en grupos, asociaciones, comunidades, estados o culturas, y describió que cada individuo presenta internamente tres partes fundamentales o «estados del yo» que denominó:

- **El padre**, que es el que establece las reglas (que ha integrado, a su vez, de las figuras parentales y autoridades).

- **El adulto**, que es el que piensa, decide y resuelve problemas aquí y ahora.

- **El niño**, que es la parte interna que siente y reacciona, que viene de nuestra infancia.

Berne fue un paso más allá, y este concepto del niño interior comenzó a tener más visibilidad en psicoterapia.

Poco después, en la década de 1980, los psicoanalistas Hal y Sidra Stone, influenciados por el trabajo de Roberto Assagioli y de la psicosíntesis (un tipo de terapia verbal cuyo objetivo es armonizar las diferentes facetas de nuestra personalidad), crearon un nuevo método de diálogo interior y, partiendo de los estados del yo de Berne, comenzaron a considerar otros arquetipos internos o «voces internas», que también representan diferentes aspectos de nosotros mismos, y que se forman a lo largo de nuestro proceso evolutivo según nuestras experiencias.

Los Stone querían comprender la complejidad de la psique humana y propusieron muchas subpersonalidades arquetípicas (el conquistador, el protector, el artista, el seductor...), y entre ellos, definieron muy concretamente al «niño interior», considerando que es un estado interno, a menudo abandonado o negado durante la transición a la vida adulta, que representa la esencia más pura y auténtica de uno mismo y que está presente en todo momento en nuestra vida. A este arquetipo le atribuyen grandes cualidades, como la sensibilidad, la creatividad, la espontaneidad o la capacidad de maravillarse, entusiasmarse y disfrutar de los placeres de la vida.

Desde ahí, el concepto de *niño interior* se popularizó, y fueron muchos los terapeutas que comenzaron a desarrollar su propio método después. Por ejemplo, la psicóloga Ariane Calvo, que lo definió con cuatro facetas principales: la vulnerabilidad, la sensibilidad, la creatividad, o la alegría de vivir, que según ella son los recursos clave para el crecimiento personal y tener éxito en la vida.

O John Bradswah, psicólogo estadounidense, que consideró además las diferentes etapas del desarrollo. Es durante una u otra de las etapas evolutivas que nos separamos del niño que está en nosotros, y las heridas emocionales vividas en esa etapa pueden manifestarse después en la vida adulta en forma de muchos problemas, desde autoestima o dificultades en las relaciones hasta adicciones, enfermedades, etc.

Hasta aquí podríamos pensar que el **niño interior** es una metáfora de la psicología occidental para explicar la memoria emocional de la infancia que influencia los comportamientos de nuestra vida adulta, y así es, pero fue sorprendente para mí comprobar que aparece también en diversas tradiciones y saberes ancestrales alrededor del mundo, como en el chamanismo kahuna precolonial de Polinesia y su práctica espiritual Ho'oponopono, que fue adaptada y extendida en Occidente gracias a Morrnah Simeona.

Los maestros kahuna de Hawái nombran al niño interior como «unihipili» y explican que contiene todas las memorias de nuestro linaje y también de nuestra experiencia vital y de nuestro pasado, así como todas las creencias y patrones que tenemos, ya sean positivos o negativos. Viene a ser como un gran almacén de información que funciona como un ordenador básico. De hecho, los chamanes lo llaman también *espíritu básico* porque su funcionamiento es muy simple, funciona prácticamente mediante estímulo y respuesta, ejecuta tareas de modo automático en función de las memorias que guarda y también se encarga de gestionar las emociones. Este *espíritu básico* o mente subconsciente no tiene apenas capacidad de analizar, es como un niño pequeño, y está unido al cuerpo físico mediante un cordón o canal energético, puesto que también es la fuerza interna que se encarga de sostener la vida fisiológica e intercambiar energía con el cuerpo. Por eso tiene el poder de administrar toda la energía vital, energía que los kahuna llaman *mana*, lo mismo que el *prana* de los hindúes y el *chi* de los chinos.

Todas las personas hemos crecido identificándonos con nuestra mente consciente, el *ego* definido por Freud, que los hawaianos llaman *uhane*. Esta mente pensante es el yo, es el vehículo mental que piensa y razona, que utilizamos en esta experiencia de vida para sentir nuestra propia individualidad en relación con todo lo que percibimos aquí y ahora, y que definimos con una personalidad concreta.

Esta mente consciente es verbal, es la voz interior dentro de tu cabeza que tiene conocimiento y razonamiento. Pero lo que muchas personas no saben es que no tiene ningún poder, porque todo lo que razona va siempre en relación con la información que proviene de la mente subconsciente. Es la niña interior la que maneja tu energía vital y fuerzas interiores (o fuerzas de voluntad), con quien se conecta la mente consciente a través de los canales energéticos del cuerpo y a través de las vibraciones de las palabras. Digamos que tu mente consciente sabe lo que quiere hacer (puede decidir cosas mediante su libre albedrío), pero no tiene poder para ejecutarlo sin el apoyo de la mente subconsciente (el *unihipili* o niño interior), que tiene realmente el poder y la energía para concretarlo, solo que es tan básica que únicamente responde en base a la información del pasado y no puede analizar.

Y hay algo más, importantísimo, que tienes que saber sobre tu mente subconsciente, y es que está conectada mediante otro canal energético o cordón con la mente supraconsciente, es decir, el Yo superior o divinidad, el inconsciente sabio, amor en estado puro, la esencia del ser que realmente eres (que los hawaianos llaman *aumakua*). El supramental es la conexión directa que tenemos con la fuente primordial de vida o consciencia universal, donde accedes a tu verdadera sabiduría y poder, solo que muchas veces ese canal está obstruido, debido a todas las memorias negativas que almacena el subconsciente (que es como la caja de Pandora) y, por eso, la información que nuestra mente consciente quiere hacer llegar a la mente superior no llega, y sin esa comunicación no es posible recibir su inspiración o guía.

¿Ves la importancia de cuidar y sanar tu *unihipili* o niña interior? Desde el Ho'oponopono, cuidar y sanar el *unihipili* es esencial para lograr un estado de paz y armonía interna. Al reconciliarnos con él podemos trascender viejas heridas y patrones de pensamiento negativos, y ser libres para lograr nuestro máximo potencial.

El Ho'oponopono lo explica de forma muy clara, pero este concepto de buscar la sanación emocional y restaurar los desequilibrios que se originan en la infancia (o en vidas pasadas, pero esto ya lo veremos más adelante), lo podemos encontrar también en otras pueblos indígenas o visiones místicas, como en el budismo, en el misticismo sufí, o incluso en la filosofía taoísta y su idea de vivir en armonía con el Tao, un estado de pureza y de inocencia como el de la infancia.

En resumen: **tu niña interior custodia tu energía vital, tus memorias y tu mundo emocional desde la mente subconsciente, creando la base de tu estructura de creencias,** y eso significa que (y esto es para que lo leas con atención): es el motor de tu vida.

¿El motor? Atiende un momento. Un motor es un dispositivo que convierte una forma de energía en energía mecánica, es decir, la pone en movimiento. Pues bien, la palabra *emoción* proviene del latín *e-motio*. El prefijo «e-» indica *hacia fuera* y «motio» significa *movimiento*.

Una emoción es exactamente energía en movimiento que nos atraviesa y nos lleva a actuar de un modo u otro en función de la calidad y la frecuencia vibracional de esa energía, que ha sido desprendida por algún pensamiento o estímulo resonante con la información almacenada en nuestra mente subconsciente.

Por tanto, nuestras reacciones, decisiones y comportamientos de hoy, sin haber hecho un trabajo de consciencia y liberación profundo, están por completo a merced de nuestro niña interior y su forma básica de ver el mundo.

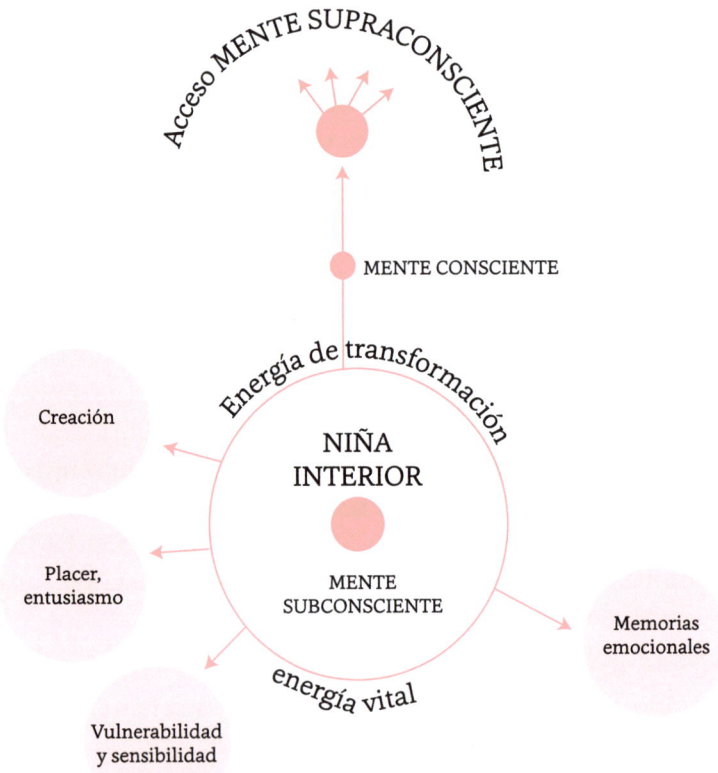

Piensa en términos de energía

Si quieres encontrar los secretos del universo,
piensa en términos de energía, frecuencia y vibración.
Nikola Tesla

Hablemos ahora un poco más de la energía y lo que tiene que ver con tu niña interior.

La física cuántica nos explica a nivel subatómico que todas las partículas que existen en este universo de materia están en constante movimiento y vibración expresándose a través de energía en ondas de frecuencia, vibración, electromagnetismo y resonancia. Nuestro cuerpo se expresa también en un cuerpo energético, que es un campo electromagnético con diferentes capas, todas ellas configuradas por una serie de centros energéticos o chakras, canales y meridianos (tal y como nos vienen diciendo las medicinas antiguas de China o India desde hace milenios).

La densidad de cada capa del cuerpo energético va a depender de múltiples factores como: tu vibración, tu desarrollo personal, la evolución de tu alma, el equilibrio de tus chakras, etc.

Cada cuerpo energético podríamos decir que es como un envoltorio de energía que rodea tu cuerpo físico, y cada uno de ellos es un vehículo de vida y tiene una función y características específicas.

Muchas veces se representan como capas superpuestas, aunque en realidad es una manera esquemática de presentarlo, porque todos los cuerpos están en continua interrelación y vienen de dentro hacia fuera.

Las capas o cuerpos principales de tu campo energético son:

- **El cuerpo etérico o vital:**

    También se le llama *cuerpo vital* o *cuerpo de luz* y es el guardián y protector de tu cuerpo físico.

    El cuerpo etérico es semimaterial. Es como si fuera la primera expresión más cercana a la materia. De hecho, es posible verlo con algunos métodos, como el método de fotografía Kirlian.

    Su función principal es filtrar las energías externas para luego distribuirlas en los demás cuerpos energéticos.

Si hay algún desequilibrio en el cuerpo etérico, también lo habrá en toda la circulación y el flujo energético y, por tanto, se daría una dispersión energética, lo que deja a la persona vulnerable a otras energías externas. Cuando el cuerpo etérico está equilibrado, la persona se siente con bienestar, confianza y vitalidad.

- **El cuerpo emocional o astral:**

Es un cuerpo más sutil, menos pesado, pero más ancho que el anterior, y es el que te permite conectarte con tus emociones, tus deseos y tus sensaciones.

Es el que te permite también experimentar viajes astrales (ya sea en sueño, en meditación o de forma espontánea).

Su función es permitir que tu alma experimente sus emociones y se mueva fuera de su cuerpo físico cuando lo necesite.

Cuando está en desequilibrio, puedes desconectarte de tus emociones y tener dificultad para meditar o experimentar otros estados elevados de consciencia.

Cuando el cuerpo astral se encuentra equilibrado, tus emociones están balanceadas y puedes vivir experiencias astrales maravillosas e increíbles.

- **El cuerpo mental:**

Es el guardián de tus procesos cognitivos, es decir, de tus pensamientos, razonamientos y creencias a nivel consciente e inconsciente. Todas tus capacidades de juicio y discernimiento están alojadas en este cuerpo energético.

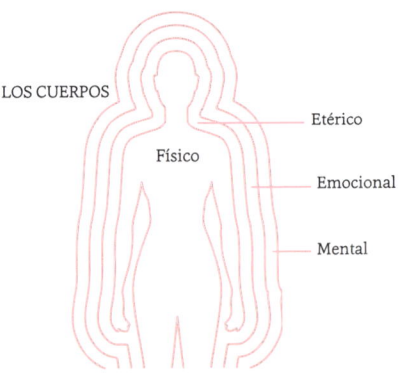

LOS CUERPOS

Físico

Etérico

Emocional

Mental

Es el que te permite mantener un equilibrio entre lo material y lo espiritual.

Es un cuerpo muy importante porque viene a funcionar como un ordenador: según lo que procesa se crearán unas emociones u otras, lo cual repercutirá en el cuerpo emocional, en el etérico y, finalmente, en los órganos del cuerpo físico.

Los centros energéticos que gestionan la energía de tu cuerpo energético son los chakras. Un chakra es un centro de energía a través del cual fluye tu energía en todos tus cuerpos energéticos. La palabra *chakra* significa literalmente *rueda* en sánscrito. Es una espiral de energía en movimiento.

Tenemos muchos chakras (unos 88 000) y cada uno de ellos es un vórtice energético que te permite sentir, actuar, ser y crear. Pero hay siete chakras principales a lo largo de tu eje central (tu columna vertebral), que vienen a ser los órganos principales de tu campo energético. Cada uno de ellos tiene una función específica, por lo que es muy importante que estén bien equilibrados.

Para que un chakra esté equilibrado, la circulación de la energía que recibe y que proyecta debe ser armónica. Si un chakra está en desequilibrio puede ser porque está hipoactivo (el flujo de energía es demasiado lento) o hiperactivo (el flujo de energía es demasiado rápido). En ambos casos esto perturba a todos los demás cuerpos energéticos (a nivel mental, emocional y espiritual). Por tanto, es muy importante conocer y comprender los chakras principales y poder estar atenta a cómo funcionan, para atenderlos como necesitan. Son estos:

1. **Chakra raíz (Muladhara):** este chakra se encuentra en la base de la columna vertebral y está relacionado con la supervivencia, la seguridad, la estabilidad y la conexión con la Tierra.

2. **Chakra del sacro (Svadhisthana):** ubicado en la zona del abdomen, está relacionado con la creatividad, las emociones, la sexualidad y el placer.

3. **Chakra del plexo solar (Manipura):** este chakra está en el área del plexo solar, sobre el ombligo, y se relaciona con la confianza en uno mismo, el poder personal y la autoestima.

4. **Chakra del corazón (Anahata):** el chakra del corazón se encuentra en el centro del pecho y se asocia con el amor, la compasión, la empatía y las relaciones.

5. **Chakra de la garganta (Vishuddha):** ubicado en la garganta, este chakra está relacionado con la comunicación, la expresión y la autenticidad.

6. **Chakra del tercer ojo (Ajna):** este chakra está en el centro de la frente y se relaciona con la intuición, la sabiduría interior y la claridad mental.

7. **Chakra de la coronilla (Sahasrara):** este chakra se encuentra en la parte superior de la cabeza y se asocia con la espiritualidad, la conexión con lo divino y la consciencia superior.

Todo esto quiere decir que nuestra niña interior y toda la información que gestiona está vinculada también con nuestra energía. En concreto, con tu chakra del sacro, en la zona del bajo vientre, que es tu centro de energía vital creadora y, desde ahí, puede conectar con el chakra del corazón, en el centro del pecho, donde está el acceso a la esencia que te conecta con tu divinidad (la mente supramental), activando los chakras superiores. No es casual que el primer órgano que se desarrolla en la gestación humana, dos semanas después de la concepción, sea el corazón, que es el punto de unión de la chispa espiritual que anima el cuerpo y lo desarrolla.

Cuerpo energético de tu niña interior

Chakra del tercer ojo
Acceso a la
sabiduría divina

Chakra corazón
Acceso a la
esencia divina

Chakra sacro
Energía vital
creadora

Por tanto, si tu niña interior, desde la mente subconsciente, controla tu energía vital, tu energía de transformación y crecimiento, tus recuerdos y tus emociones, que son las que te permiten ponerte en acción para lograr cosas en la vida, entonces... ¿tiene la capacidad de crear tu propia felicidad?

La tiene. Esa parte de ti es el constructor interno que te muestra, cada día de tu vida, tu verdad. Si está bien y en armonía, porque ha tenido todas sus necesidades bien satisfechas desde el nacimiento y no ha vivido con traumas que hayan dejado una fuerte programación de supervivencia en sus registros, entonces tu vida será fácil, fluida, placentera y próspera. Que... ¿no es así? En ese caso, es preciso revisar qué ocurrió en tu infancia, qué necesitabas y si lo que te dieron fue suficiente para ti.

Tus necesidades, tus derechos

No puede haber una revelación más intensa del alma de una sociedad que la forma en que trata a sus niños.
Nelson Mandela

El primer septenio de vida (desde el nacimiento hasta los siete años) es el más crucial para la vida adulta. En esta etapa, cada año vamos alcanzando una serie de hitos enormes en nuestro desarrollo que van acompañados de unas necesidades básicas impostergables que, si no son satisfechas, si se frustran, van a quedar pendientes de ser nutridas para siempre, solo que cambiará la forma de reclamarlas y, por ejemplo, una necesidad de calma y contención no bien satisfecha en la infancia puede transformarse en la edad adulta en una necesidad de fumar para autocalmarse en momentos de estrés.

Recuerda esto:

Las necesidades que no fueron bien cubiertas en la infancia no desaparecen, quedan latentes en el subconsciente reclamando ser satisfechas durante toda la vida.

Rudolf Steiner, fundador de la educación Waldorf, describía el desarrollo humano en términos de fuerzas vitales que trabajan en un proceso ascendente a través de los diferentes cuerpos (el físico, el etérico o vital, el astral o emocional y el mental). Por eso, los primeros años de vida podemos observar cómo el enfoque del niño está en el desarrollo y control de su cuerpo físico y lo primero que aprende es a controlar el movimiento, como gatear y caminar; después, va desarrollando su motricidad fina, aprendiendo a utilizar las manos, y poco a poco va adquiriendo otras habilidades, como el lenguaje, la memoria... Desde las enseñanzas yoguis de India, que conocí por Lou Couture, explican de un modo muy similar el desarrollo ascendente de la energía vital en el cuerpo por los centros energéticos principales y describen en ese proceso cuáles son los derechos fundamentales para el primer septenio de vida. Así que ahora voy a llevarte por un viaje a través de tus siete primeros años y te sugiero que, a medida que vayamos haciendo el recorrido, puedas ir planteándote las siguientes cuestiones:

- ¿Cómo viví este derecho en mi infancia?
- ¿Qué impacto tuvo en mi desarrollo y bienestar?
- ¿Cómo me siento actualmente respecto a este derecho en mi vida?

Tu primer año de vida tienes derecho a TENER

*Todo niño suficientemente amparado y adherido al cuerpo de su madre
será libre. No tendrá miedo, vivirá dentro de la confianza más absoluta,
será generoso porque sabrá que tiene lo que necesita. Será capaz de estar al
servicio de los demás, porque está saciado de amor. Colmado de nutrientes.
Rebosante de cuidados. Desapegado de los peligros. Dispuesto a amar.*
Laura Gutman

El bebé, al nacer y hasta que comienza a desplazarse por sí mismo,
alrededor del año, es preciso y necesario que tenga. Por tanto, hay
que darle lo que pide, es decir: mamá, teta, brazos, sostén, contención
amorosa, presencia continua… En realidad, lo que más necesita tener
es **contacto físico y emocional permanente con su mamá**, y para esto
ayuda mucho la crianza en brazos.

Un bebé que acaba de llegar al mundo no tiene consciencia alguna
de ser un individuo independiente y separado de su madre. Su sentir interno, y su necesidad biológica de supervivencia, hacen que viva
fusionado emocional y energéticamente a su madre. Incluso las personas con dones sutiles desarrollados que pueden ver la energía confir-
man que se establece un fuerte cordón energético entre el chakra del
corazón y el chakra del sacro. Por eso, cuando la mamá se separa de él,
aunque sea unos pocos metros, va a sentir estrés y su sistema nervioso
va a entrar en modo supervivencia. Esto no solo afecta a su desarrollo
neurológico, tan sensible en este momento vital, también va a dejar
un trauma de miedo y desamparo en su memoria emocional subconsciente que tendrá unas consecuencias a largo plazo.

La cruda realidad es que la mayoría hemos crecido sin opción a tener
este contacto continuo ni este sostén. Hemos tenido madres que nos
han criado muy solas o con poco apoyo, lidiando con sus propias carencias emocionales (hablaremos más de ello en la segunda parte del
libro) e intentando adaptarse a un sistema en el que la narrativa oficial está completamente alejada de la realidad de ser madre. Y lo que
tendría que ser lo más natural del mundo, como la lactancia materna,
la crianza en brazos o no dejar llorar a los niños solos en la cuna, se
cuestiona y se juzga.

La cuestión es que, cuando este derecho se reprime, de adultos vamos a necesitar acumular cosas (a veces de forma compulsiva), que nos servirán para crear una felicidad falsa y efímera, en un intento de colmar esa carencia primaria que, por otra parte, nunca ya se podrá llenar como necesitamos. Además, las adicciones de todo tipo pueden tener también como trasfondo esta necesidad no cubierta.

¿Cómo saber si tuviste este derecho bien satisfecho?

Para cada uno de los siete derechos de la infancia voy a presentarte un breve test de exploración interna, para que puedas reflexionar sobre tu vivencia de niña y cómo fuiste atendida y acompañada. En todos los casos, lee cada pregunta cuidadosamente pensando en las experiencias vitales de tu infancia.

Responde a cada pregunta con un «Sí» o con un «No», teniendo en cuenta que no hay respuestas correctas o incorrectas, solo tu experiencia personal cuenta. En las preguntas en las que no sepas la respuesta, porque no lo recuerdas o no te han explicado cómo fue, puedes intentar indagar en tu entorno a través de preguntar a las personas que formaban parte de tu vida.

Cada respuesta «Sí» equivale a 1 punto. Si tu respuesta es «No», no sumes puntos para esa pregunta. Al final del test, suma todos los puntos que hayas obtenido. Cuanto más alta sea tu puntuación, mejor satisfecho habrá sido ese derecho en tu infancia. Cuanto más baja, más áreas de carencia pueden haber influido en tu desarrollo emocional y en tus necesidades actuales.

Primer año de vida: DERECHO A TENER	PUNTOS No = 0 Sí = 1
¿Tuviste una presencia constante y amorosa de tu madre (o figura materna principal) durante tu primer año de vida?	
¿Te criaron en brazos y en contacto físico cercano?	
¿Fue la lactancia materna una parte significativa de tu alimentación tu primer año de vida?	
¿Practicaste el colecho con tu madre o cuidador principal, compartiendo la cama o durmiendo en proximidad cercana durante tu primer año de vida?	
Cuando llorabas o expresabas alguna incomodidad de bebé, ¿recibías consuelo y atención rápida de tus padres o cuidadores?	
¿Sientes que desarrollaste un vínculo emocional fuerte y saludable con tu madre o cuidador principal?	
¿Dirías que tu ambiente familiar en tu primer año de vida fue predominantemente estable y lleno de amor y atención?	
¿Tu madre o tu cuidador principal eran buenos en leer y responder a tus señales no verbales como bebé (como llanto, risas, gestos...)?	
¿Sufriste algún estrés o ansiedad de separación de tu madre en tu primer año de vida (quizá por alguna hospitalización u otra situación)?	
Durante tu primer año de vida, ¿tus padres mencionan que solías llorar con frecuencia o por períodos prolongados, o bien enfermabas a menudo?	
TOTAL PUNTOS DERECHO A TENER	

Tu segundo año de vida tienes derecho a SENTIR

El niño necesita espacio y libertad para explorar y descubrir el mundo que lo rodea. No hay que limitarlo, sino acompañarlo en su proceso de aprendizaje.
Emmi Pikler

Durante el segundo año de vida, el niño está desarrollando sus sentidos y tiene derecho a sentir, a explorar, a descubrir, y a comenzar a experimentar el mundo por sí mismo.

En este momento es muy importante dejarlo explorar de forma libre todo lo sensorial: que toque, que se lleve cosas a la boca, que investigue a su aire, que se mueva en libertad, que gane autonomía por sí mismo, sin un exceso de sobreprotección. En esta etapa, el rol de la madre y el padre debe ser el del observador presente y preparar un espacio seguro y atractivo para el movimiento libre.

Si no has podido experimentarlo porque quizá has crecido en un entorno de sobreprotección, metida en parques y sillitas de plástico, y se ha reprimido tu derecho natural de sentir, de adulta puedes tener serios problemas de relación y de contacto social, incluso dificultades para desarrollar tu sexualidad de forma saludable.

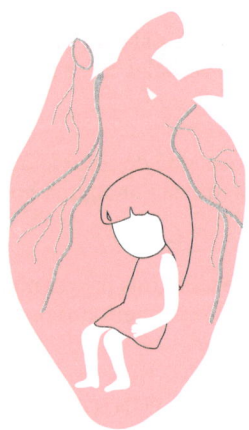

Segundo año de vida: DERECHO A SENTIR	PUNTOS No = 0 Sí = 1
¿Tuviste la libertad de explorar el mundo sensorialmente, tocando y llevándote objetos a la boca?	
¿Se te permitió moverte libremente y explorar tu entorno sin restricciones excesivas?	
¿Tus padres o cuidadores te proporcionaron un espacio seguro y estimulante para tu movimiento y exploración?	
¿Se te animó y se te permitió ganar autonomía y hacer cosas por ti misma?	
¿Tuviste oportunidades para experimentar una variedad de texturas, sabores, sonidos y lugares?	
¿Creciste en un entorno que no era excesivamente protector o restringido?	
¿Tuviste oportunidades para interactuar socialmente y explorar relaciones con otros niños y adultos?	
¿Pudiste explorar y conectarte con la naturaleza, como jugar en parques, en jardines o en entornos naturales?	
Cuando mostrabas curiosidad por algo nuevo o interesante, ¿tus padres o cuidadores respondían de manera que fomentara tu interés y aprendizaje, en lugar de restringirte o desalentarte?	
¿Tuviste el espacio necesario para gatear y aprender a caminar a tu propio ritmo, siendo respetada en estas etapas de desarrollo motor sin presión o prisa?	
TOTAL PUNTOS DERECHO A SENTIR	

Tu tercer año de vida tienes derecho a HACER

Ayúdame a hacerlo por mí mismo.
Maria Montessori

El tercer año, el niño tiene derecho a hacer. Empieza a separarse emocionalmente de su mamá y a descubrir que es una persona independiente que puede hacer cosas «como los mayores». Casi siempre quiere imitar lo que hacen los adultos. Quiere hacer las cosas solo, ayudar a mamá, cortar con el cuchillo, llevar el plato de sopa a la mesa... Es muy importante dejarle hacer y **confiar en que es capaz de lograr las cosas**. Todo niño tiene que sentir que su madre y su padre le miran a los ojos y le dicen: «Adelante, sé que puedes hacerlo».

Si no hemos recibido esta confianza, sufriremos muchos obstáculos y resistencias para desarrollar nuestras potencialidades, esos dones que todos traemos al mundo y que, si los explotamos, nos abren el camino hacia la auténtica satisfacción y autorrealización en nuestra vida. En cambio, el mundo está plagado de personas adultas repletas de miedos y límites que se dedican a hacer otras cosas, quizá más seguras y mediocres, y no se atreven a desarrollar aquello que realmente sienten desde dentro que les impulsa. Esta es probablemente la mayor represión de la sociedad de nuestro tiempo: que las personas no se dan permiso para hacer lo que han venido a hacer y ser felices.

Tercer año de vida: DERECHO A HACER	PUNTOS No = 0 Sí = 1
¿Se te animaba a imitar y participar en actividades cotidianas de los adultos?	
¿Cómo reaccionaban tus padres o cuidadores cuando cometías errores al intentar hacer algo nuevo? ¿Te ofrecían aliento y guía en lugar de críticas o castigo?	
¿Puedes recordar alguna actividad específica que aprendiste a hacer por ti misma cuando tenías alrededor de tres años?	
¿Tenías libertad para elegir con qué jugar y cómo jugar?	
¿Tenías un espacio apropiado donde jugar y donde pudieras explorar y hacer cosas por ti misma?	
¿Tus padres o familiares suelen contar alguna historia sobre algo que hiciste por ti misma a esa edad que los sorprendió o les hizo reír?	
¿Recuerdas recibir palabras de aliento o apoyo cuando intentabas hacer algo nuevo o difícil?	
¿Te sentías capaz y confiada para hacer cosas por ti misma?	
¿Tus padres o cuidadores mencionan que te gustaba explorar, que eras independiente?	
¿Te dejaban ayudar en la cocina, ordenar tus juguetes o elegir tu ropa?	
TOTAL PUNTOS DERECHO A HACER	

Tu cuarto año de vida tienes derecho a AMAR

No le dé caramelos, dele atención, interésese por lo que hace el niño sin por ello interrumpirle o dirigirle. Estos momentos de atención en los que el niño no necesita al adulto y ni siquiera ha solicitado su presencia aportan las pruebas más claras de un amor sin condiciones.
Rebeca Wild

El cuarto año, el niño tiene derecho a amar y a ser amado, entendiéndolo como el derecho natural de dar y recibir. Ya empieza a establecer las primeras relaciones de amistad, a comprender los primeros vínculos reales. Ya puede ver al otro, y no solo a él mismo, como ha hecho hasta ahora. Está superando esa fase egocéntrica tan característica de los primeros tres años y comienza a interactuar con el otro de verdad, entiende que en las relaciones hay un dar y un recibir.

En este momento, necesita sentir muy especialmente (aunque en realidad esto debería ser una constante hasta la edad adulta) que **recibe el amor incondicional por parte de sus padres**.

Un niño **no debe sentir nunca el rechazo** de sus padres (o al menos de uno de los dos). Necesita saber que, haga lo que haga, o diga lo que diga, su padre y su madre le quieren, siempre. Y le respetan.

Por eso, si cuando tuvimos una rabieta, o hicimos algo mal, o lo que sea que pueda hacer un niño de cuatro años que pueda resultar molesto, si nos gritaron enfadados diciendo cosas como: eres malo, ya no te quiero, si no haces esto mamá no te querrá, no se quedará contigo, y un largo etcétera de barbaridades, nuestra vivencia interna es de desamparo, de soledad emocional, de incomprensión, de separación, de falta de amor.

¿Cómo puede cubrir un niño esa nutrición emocional que necesita desesperadamente? Con presencia plena, es decir, una madre y un padre que cada día dedican un tiempo de calidad a sus hijos, sin tener la cabeza en otro sitio, y les dicen: «Estoy aquí contigo al 100 %, de verdad, y juego contigo, te abrazo, te miro, te atiendo, te mimo...».

Si no, ¿qué nos pasa de adultos? Como puedes intuir, aparecen problemas de vinculación. Se nos puede hacer difícil tener una pareja estable, podemos tener problemas para vincular con nuestros hijos, incluso con nosotros mismos. Y, aun así, la mente puede estar cuestionándonos: ¿Por qué no soy capaz de construir una relación? ¿Por qué nunca me quedo satisfecho/a con esta persona si él/ella me quiere? ¿Por qué necesito más? ¿Por qué soy infiel?...

Cuarto año de vida: DERECHO A AMAR	PUNTOS No = 0 Sí = 1
¿Sentiste que tus padres te amaban incondicionalmente, sin ponerte ningúna condición de comportamiento o actitud?	
Cuando tenías una rabieta, ¿tus padres te trataban con comprensión y amor en lugar de rechazo o enfado?	
¿Tus padres te dedicaban tiempo de calidad, mostrando plena atención y presencia en esos momentos?	
¿Recibías de tus padres expresiones verbales de amor y afecto, como «te quiero» o «estoy orgulloso/a de ti»?	
¿Tuviste la oportunidad de establecer tus primeras amistades y relaciones fuera de la familia a esta edad?	
¿Jugaban tus padres contigo regularmente, participando activamente en tus juegos y actividades?	
¿Sentías que tus padres te respetaban y valoraban, incluso a los cuatro años?	
Cuando te sentías triste o frustrada, ¿crees que tus padres te ofrecían consuelo y apoyo emocional?	
¿Te sentías emocionalmente segura y protegida en tu entorno familiar a los cuatro años?	
¿Recibías abrazos, besos y otras muestras físicas de cariño de tus padres o cuidadores de manera regular?	
TOTAL PUNTOS DERECHO A AMAR	

Tu quinto año de vida tienes derecho a COMUNICAR

Solo puede transmitirse al niño aquello que el educador
conquistó en sí mismo.
Rudolf Steiner

En el quinto año, el niño tiene derecho a hablar y a comunicarse. La voz, lo que expresamos, nace en el cuello, y precisamente por eso decimos que el cuello, donde está ubicado el chakra de la garganta, es el puente entre el cuerpo y la mente superior.

En esta fase de su desarrollo, el niño es pura expresión. Necesita decir las cosas. Si está enfadado, necesita gritar. Hay una necesidad muy grande de expresar lo que siente en cada momento.

¿Qué pasará si reprimimos esta necesidad de expresión? Si nos han dicho continuamente que nos callemos, que no nos quejemos, que obedezcamos, que no lloremos, que no gritemos, que no nos enfademos..., poco a poco nos han ido **obligando a renunciar** a nuestra autenticidad, a nuestra vitalidad, a nuestra manera única y especial de ver y expresar las cosas. Se crea una gran desconexión con el sentir interno, con el corazón, con la esencia, y acabamos siendo adultos que no podemos expresar lo que sentimos, nos cuesta hablar de nuestros sentimientos, de lo que queremos, incluso nos cuesta transmitir nuestras ideas a los demás.

Quinto año de vida: DERECHO A COMUNICAR	PUNTOS No = 0 Sí = 1
¿Te sentías libre para expresar tus pensamientos y sentimientos en voz alta?	
Cuando sentías enfado o molestia, ¿se te permitía expresarlo libremente sin reproches o reprimendas?	
¿Tus padres o cuidadores te animaban a hablar y compartir tus ideas y opiniones?	
Si llorabas o mostrabas tristeza, ¿tus padres o cuidadores te consolaban y te permitían expresar tus emociones?	
¿Había momentos del día dedicados a conversar o hablar sobre cómo te sentías o lo que habías experimentado?	
¿Se tomaban en serio tus palabras y se te escuchaba con atención cuando hablabas?	
Cuando cometías errores al hablar o expresarte, ¿se te corregía de manera amable sin hacerte sentir mal?	
¿Se te ofrecían oportunidades para la expresión creativa, como contar historias, dibujar o actuar?	
¿Sentías apoyo para explorar y desarrollar tu propia forma única de expresión?	
¿Te sentías aceptada y valorada por ser tú misma y expresarte de manera auténtica?	
TOTAL PUNTOS DERECHO A COMUNICAR	

Tu sexto año de vida tienes derecho a VER

Las mentiras someten a los niños a ingresar
en profundas contradicciones.
Laura Gutman

En el sexto año, el niño tiene derecho natural a ver. Esto quiere decir saber la verdad de lo que acontece en su vida. Debe ver el mundo tal cual es. Necesita saber todo lo que pasa, con honestidad y transparencia, no hay que mentirle. Debe poder ver todo cómo es, su complejidad y su belleza. Solo así desarrollará una consciencia y una intuición muy poderosa cuando sea adulto.

De no ser así, crecemos encerrados en un mar de confusión, contradicción y desconfianza por nuestras propias percepciones, en una burbuja de ilusión irreal que nos desvitaliza y nos aleja de nuestra voz interior. Y, cuando queremos salir, el *shock* puede ser demasiado grande.

Sexto año de vida: DERECHO A VER	PUNTOS No = 0 Sí = 1
¿Te explicaban tus padres o cuidadores las situaciones familiares importantes de manera honesta y apropiada para tu edad?	
¿Tenías oportunidades para aprender sobre el mundo y su funcionamiento de una manera que pudieras entender a los seis años?	
Cuando hacías preguntas, ¿recibías respuestas honestas y claras de tus padres o cuidadores?	
¿Se fomentaba tu curiosidad y se te animaba a observar y preguntar sobre tu entorno?	
¿Se te animaba a confiar en tu intuición y a desarrollar tu propia consciencia sobre las cosas?	
Si había temas o situaciones en tu familia que eran evidentes, pero de los que nadie hablaba abiertamente contigo, ¿tenías a alguien de confianza a quien poder preguntar?	
¿Sentir discrepancias entre lo que tus padres o familiares decían y lo que realmente hacían era algo muy poco frecuente o inexistente?	
Si hubo cambios significativos en tu familia (como mudanzas, divorcios, nacimientos), ¿se te dieron explicaciones claras o adecuadas para tu edad?	
¿Tus padres o cuidadores principales mostraban sus sentimientos o estados emocionales de forma natural y te explicaban por qué se sentían así?	
Cuando había conflictos o discusiones en la familia, ¿se te ofrecía una comprensión de lo que sucedía?	
TOTAL PUNTOS DERECHO A VER	

Tu séptimo año de vida tienes derecho a CONOCER

Saber que enseñar no es transferir conocimiento, sino crear las
posibilidades para su propia producción o construcción.
Paulo Freire

El séptimo año, el niño tiene derecho a conocer y adquirir conocimiento alineado con su potencial natural. En esta etapa, es pura curiosidad y necesita explorar todas sus pulsiones naturales. Éste es un año mágico por varias cosas, pero entre ellas empieza a vislumbrarse cuáles son sus dones principales e intereses genuinos, lo que probablemente de adulto va a ser la fuente de su felicidad. Si nuestros padres no estuvieron atentos y presentes, ni nos permitieron seguir ese deseo interno de desplegar y desarrollar nuestros talentos naturales, podemos haber perdido la conexión con el placer de aprender, de crecer y de ponernos al servicio de los demás desde nuestro propósito de vida aportando nuestra contribución y valor personal único. Aquí se hace palpable la gran desconexión del ser.

Séptimo año de vida: DERECHO A CONOCER	PUNTOS No = 0 Sí = 1
¿Tus padres o cuidadores fomentaban activamente tu curiosidad y tu deseo de explorar diferentes intereses y actividades?	
¿Se reconocían y nombraban tus talentos o habilidades especiales en casa?	
¿Tenías la libertad de explorar y participar en actividades que te interesaban de forma genuina?	
¿Tenías oportunidades para participar en experiencias educativas que no se limitaban al currículo escolar tradicional?	
¿Se te permitía tomar tus propias decisiones en lo que querías aprender o investigar?	
¿Sentías alegría y satisfacción al aprender y descubrir nuevas cosas por ti misma?	
¿Se te proporcionaban recursos, como materiales o clases, para desarrollar tus dones o talentos?	
Cuando demostrabas habilidad o talento en algo, ¿tus logros eran celebrados y valorados en casa?	
¿Te ofrecían orientación o apoyo para explorar y mejorar en las áreas donde naturalmente destacabas?	
¿Sentías presión por parte de tus padres o cuidadores para cumplir con ciertos estándares académicos o curriculares?	
TOTAL PUNTOS DERECHO A CONOCER	

Evalúate

¿Qué puntuación del 1 al 10 has obtenido en cada uno de estos derechos?

A partir de tus puntuaciones, colorea el mapa de tus necesidades primarias y date cuenta visualmente de cómo fueron cubiertas y las carencias que pueden quedar pendientes de ser satisfechas:

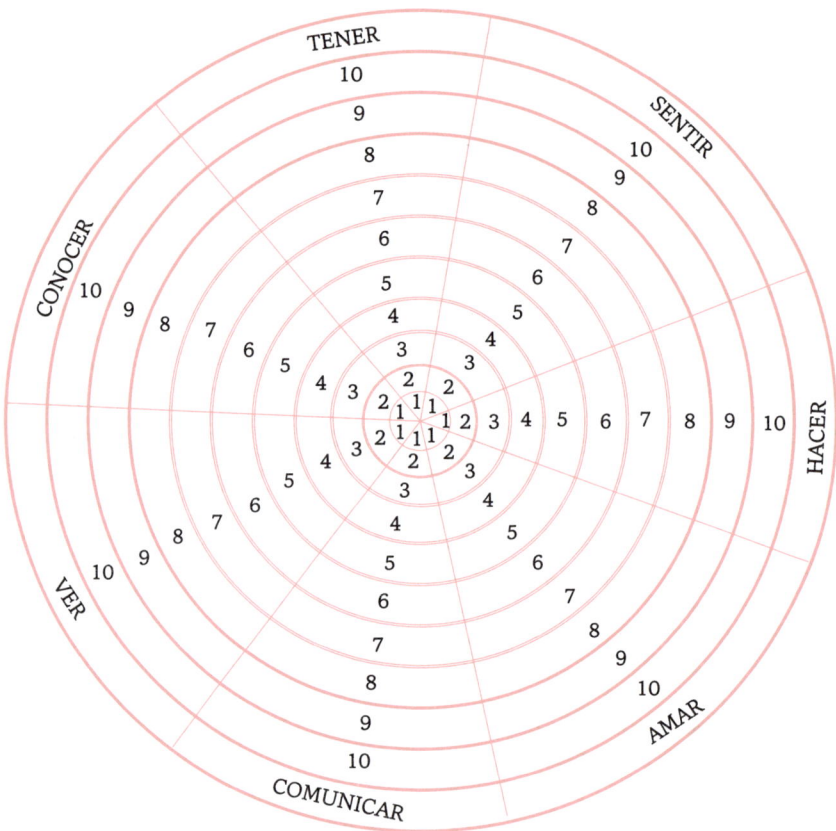

- • ¿Qué necesidades tienen una puntuación superior a 8?
- • ¿Qué necesidades tienen una puntuación inferior a 5?

Dime cuál es tu Luna
y te diré qué te faltó

La astrología representa la suma de todos
los conocimientos psicológicos de la antigüedad.
Carl Gustav Jung

En 1954, un niño de doce años, usando la cámara Super-8 de su padre, quiso participar en un festival de cine local. Quería contar una buena historia sobre un tren que descarrilaba, así que escribió el guion y lo empezó a preparar todo para el rodaje.

Como tenía un presupuesto muy limitado, rodaría en su casa. Solo que una de las escenas, cuando el tren descarrilaba, era muy sangrienta. Y como necesitaba algo que simulara ser un portaequipajes, pensó que los armarios de la cocina le podían servir como localización.

Estoy segura de que, a muchas madres y padres, la mera idea de convertir su cocina en un tren sangriento de los horrores no les atrae demasiado. Pero no a los suyos. En lugar de mandarlo al parque a jugar y decirle que se dejara de fantasías, su madre compró treinta botes de mermelada de cereza y los calentó en una olla para conseguir un líquido similar a la sangre. Luego untó todo ese mejunje pringoso por los armarios. Y, bueno, no solo le cedió la cocina como set de rodaje, es que, junto a su marido, se prestó a ser una de las viajeras accidentadas.

Según contaría luego esta mujer, tras grabar aquella escena, se pasó años limpiando mermelada de cerezas.

Este niño, emocional, sensible y ensimismado en sus actividades creativas, tenía una Luna natal en un signo de Agua, el intenso Escorpio, ubicado además en el espacio de su carta de la creatividad y la autoexpresión, y tuvo la gran suerte de ser comprendido por sus padres y recibir su apoyo incondicional, lo que le impulsó para que pudiera alcanzar éxitos y logros cinematográficos que han redefinido la historia del cine.

¿Quién era este niño de doce años?

Su nombre quizá te suena un poco: Steven Spielberg.

La astrología psicológica es una herramienta excepcional de autoconocimiento que nos da muchas claves para descubrir el funcionamiento, las inercias y los talentos del ser humano.

Cada persona encarnó en este plano dimensional en un momento preciso en el que las orbes electromagnéticas de los planetas tenían una posición determinada, la cual impacta en la configuración energética del ser, puesto que somos seres electromagnéticos también. Así funciona este universo.

En el momento del nacimiento, se crea una programación o impronta inicial que va a influenciar en el funcionamiento de la persona, en sus tendencias, en sus fortalezas y en su potencial latente. Esta información se puede leer en la carta natal a través del lenguaje astrológico, para comprender los ciclos que va tejiendo la vida.

Ya hemos visto cómo el primer septenio de vida es fundamental para dar una buena estructura psíquica que sostenga las etapas de desarrollo, pero si conocemos el signo lunar (es decir, la configuración en que la Luna estaba en el cosmos en el momento del alumbramiento) podemos comprender cómo nutrir y satisfacer las necesidades emocionales de ese niño, ya que es el astro que rige la carta natal durante toda la primera infancia.

La configuración de tu Luna natal puede darte información sobre:

- Tus talentos innatos.
- Lo que te calma.
- Cómo buscas seguridad.
- Cómo buscas pertenecer.
- Cómo buscas sentirte protegida, amada y aceptada.
- Tu forma de vincularte emocionalmente.

Para conocer tu Luna natal, debes conocer la fecha, la hora lo más exacta posible y el lugar de tu nacimiento. A través de una herramienta de cálculo astral como las que encontrarás en línea, especializadas en astrología (muchas de ellas son gratuitas), puedes averiguarla fácilmente. Solo tienes que introducir tus datos de nacimiento y ver en tu carta natal en qué signo astrológico aparece el símbolo de la Luna.

La rueda zodiacal se divide en doce sectores donde se ubican los doce signos. Cada uno de ellos representa la energía de un elemento natural (Fuego, Tierra, Aire, Agua), que va a impregnar a la persona con un tono y una tendencia de afrontamiento emocional.

Como esto es tan importante, y después de haber estudiado astrología durante los últimos años, voy a darte los rasgos generales que improntan en la esfera emocional de cada elemento y de cada signo, para que tengas una información inicial sobre cuáles eran las necesidades emocionales de tu niña interior y puedas indagar si fueron comprendidas y atendidas como necesitabas. No obstante, mi recomendación es que puedas hacer una lectura de tu carta natal con un profesional de la astrología, en una única consulta ya puedes obtener mucha información y comprensiones de ti misma.

La Luna de elemento FUEGO expresa que...

- Necesitas sentirte especial.
- Te desconectas de la emoción mediante la acción.
- Para sentir que te aman necesitas: atención, aventuras, retos, pasión, actividades nuevas.

Aries, Leo y Sagitario son Lunas de Fuego.

La Luna de elemento TIERRA expresa que...

- Necesitas sentirte útil.
- Te desconectas de la emoción mediante el trabajo.
- Para sentir que te aman necesitas: caricias, alimento, cosas tangibles, seguridad.

Tauro, Virgo y Capricornio son Lunas de Tierra.

La Luna de elemento AIRE te dice que...

- Necesitas espacio y sentirte mentalmente estimulada.
- Te desconectas de la emoción mediante el pensamiento.
- Para sentir que te aman necesitas: comunicación, estímulos intelectuales, aprendizajes.

Géminis, Libra y Acuario son Lunas de Aire.

La Luna de elemento AGUA te dice que...

- Necesitas sentirte emocionalmente comprendida.

- Te conectas muy fácilmente con la emoción (pero también puedes perderte muy fácilmente en ella).

- Para sentir que te aman necesitas: conexión, fusión, no juicios, expresar las emociones sin palabras...

Cáncer, Escorpio y Piscis son Lunas de Agua.

Mis dos hijos tienen una Luna de elemento Fuego, por lo que cada día les recuerdo lo especiales y extraordinarios que son y tenemos rituales especiales para celebrar sus talentos y contribuciones (como la capa de cumpleaños, a la que añadimos una nueva insignia relacionada con las vivencias de cada año y repasamos juntos sus logros contando una historia), porque sé que necesitan registrar en su memoria subconsciente que son especiales, más que preguntarles cada día cómo están o cómo se sienten (algo que puede necesitar más especialmente una Luna de elemento Agua). Como sus reacciones emocionales tienden a ser explosivas, ya que el Fuego es muy expansivo, no me lo tomo como algo personal y les dejo espacio libre para que puedan expresar y canalizar esa energía hasta que se calmen y podamos entonces validar sus emociones. Ambos son muy expresivos y creativos, por lo que en casa tenemos varios espacios para que puedan moverse, saltar, nadar, expresar y crear. En mis viajes, suelen acompañarme porque ambos disfrutan mucho de descubrir sitios nuevos y explorarlos...

Es decir, conocer su Luna natal es muy valioso y me ayuda a comprenderlos mejor y dar respuesta a lo que necesitan. Podría ignorarlo y, por ejemplo, pretender que mi hijo pequeño se pusiera el abrigo a la fuerza antes de salir de casa, creando una discusión familiar, pero sé que él necesita explorar y experimentar el frío por sí mismo antes de decidir querer ponerse el abrigo ya que, por su impronta energética, no quiere someterse a la autoridad, sino que conecta y acepta la sabiduría desde su propio sentir.

La astrología psicológica es una herramienta poderosa que no se tiene en cuenta a nivel social porque aporta tanta información a las personas que cambiaría completamente los paradigmas que están sometiendo el mundo.

Así que ahora, sabiendo que tú también tienes una Luna que marca tu tendencia emocional, te invito a que averigües cuál es tu Luna natal y reflexiones sobre tus tendencias más marcadas durante tu infancia, ya que, al hacerlo, podrás descubrir y entender mejor tus patrones emocionales actuales. Estas preguntas te ayudarán a indagar con más claridad. Elige la respuesta más significativa y prioritaria para ti en cada caso.

- **¿Qué es lo que más me calmaba cuando lo necesitaba?**

  - El consuelo emocional, como los abrazos o las palabras de cariño. Buscaba ambientes tranquilos y reconfortantes.

  - Las actividades físicas me ayudaban a liberar tensiones. Necesitaba espacio para expresar mi energía con libertad.

  - Hablar y desahogarme sobre mis problemas o distraerme con actividades intelectuales o sociales.

  - Rutinas estables y seguras, así como el contacto físico con la naturaleza.

  - Otros: ....

- **¿Cuál era mi manera más efectiva para buscar y sentir seguridad?**

  - Buscando relaciones profundas y emocionalmente seguras. Necesitaba sentirme comprendida y protegida.

  - A través de desarrollar mi independencia, confiar en mis habilidades y fortalezas, y superar retos.

  - Mediante el entendimiento y la comunicación, sabiendo que tenía personas con quienes hablar y compartir ideas.

  - A través de sentir la seguridad y la armonía de un hogar con una base sólida y estable, sin carencias, donde hubiera rutinas saludables y se respetaran los ritmos naturales.

  - Otros: ....

- **¿Cuál era mi forma primordial de buscar y recibir amor?**

  - Deseaba una conexión emocional profunda y que se reconocieran mis sentimientos y mi sensibilidad.

- Buscaba la mirada, la admiración y el reconocimiento de mí, de mis habilidades, de mis logros y contribuciones.

- Necesitaba comunicación, intercambio de ideas y respeto incondicional por mi forma de ser y de pensar.

- Necesitaba demostraciones tangibles de amor, como pequeñas acciones concretas de cuidado y una presencia constante y amorosa.

- Otros: ....

- **¿Cómo buscaba pertenecer?**

  - Buscando espacios donde compartir mis emociones y ser comprendida a un nivel más profundo.

  - Buscando espacios donde pudiera brillar, liderando o donde mis habilidades fueran valiosas y apreciadas.

  - Buscando espacios donde expresar intereses comunes.

  - Buscando espacios que me aportaran estabilidad, cooperación, conexión...

  - Otros: ....

- **¿Cómo conectaba y me vinculaba emocionalmente?**

  - A través de la empatía, la comprensión profunda y el compartir emociones y vulnerabilidades.

  - Mediante experiencias compartidas, especialmente aquellas relacionadas con aventuras o desafíos.

  - A través de conversaciones significativas y el intercambio sincero de ideas y pensamientos.

  - Construyendo relaciones basadas en la confianza, la consistencia y el apoyo mutuo e incondicional.

  - Otros: ....

- **Reflexión final:** ¿Cómo atendió mamá o papá (o las personas que me cuidaban) todo eso que necesitaba?

La mitosis del ser
(eres luz, pero también oscuridad)

*Fue en el lado moral y en mi propia persona donde aprendí a reconocer
la absoluta y primitiva dualidad del hombre. Entonces vi que las dos
naturalezas que contendían en el campo de mi consciencia, si podía decirse
con razón que cualquiera de ellas era la mía,
es porque lo eran esencialmente las dos.*
Robert L. Stevenson, *El extraño caso del Dr. Jekyll y el Sr. Hyde*

En nuestra cultura, parece que los niños y las niñas son más recompensados si crecen rápido y dejan la infancia lo antes posible, sin importar las secuelas que deje en ellos no poder vivir una infancia plena y luminosa. Es más, si un ser externo a la Tierra llegara y pudiera observar cómo cuidamos a la infancia en nuestra sociedad, describiría con preciso detalle cómo todo está organizado para malnutrir sus necesidades esenciales, para desconectarlos lo antes posible de su inocencia y pureza natural. Hablaría de cómo los separan de sus madres, mujeres que se sienten tremendamente solas y no pueden estar 100 % disponibles por las exigencias de un estilo de vida incoherente, de cómo son sometidos durante horas a estímulos violentos o traumáticos en dibujos animados y películas de cine, de cómo les limitan la conexión con su propio sentir y discernimiento con entretenimientos de pantalla a diario, obligándolos a adquirir durante horas conocimientos vacíos alejados de sus verdaderos talentos, y llenándolos de azúcar y alimentos procesados que contaminan sus cuerpos y su mente…, y no es necesario que siga.

Debido a esta realidad dramática, muchas personas hemos crecido sintiéndonos castigadas o abandonadas por el simple hecho de tener necesidades genuinas. Hemos llegado a odiar nuestros deseos y a rechazarnos por tener necesidades (la necesidad de comer, de recibir sostén y contención amorosa, de recibir mirada y escucha, de comprensión, de explorar el mundo, de expresar nuestra esencia)… y, de ese modo, hemos aprendido a conformarnos y adaptarnos a ser la versión que tenía más posibilidades de ser aceptada, amada y tenida en cuenta, aunque esto representara vivir toda la vida con un autosabotaje interior que nos mantiene en un estado de estancamiento crónico.

Esta incoherencia entre el sentir interno y lo que recibimos de fuera crea en la mente subconsciente una especie de mitosis, de modo que con las experiencias tempranas de vida se van creando dos aspectos dentro del ser, lo que muchos autores, como el psicólogo alemán Schulz von Thun, definen como «el niño interior feliz» y el «niño interior herido», o la psicóloga Stephanie Stahl, que habla de *Sun Child* (niño del sol) y *Shadow Child* (niño de la sombra). Son dos arquetipos fundamentales que reflejan todos los aspectos de nuestra experiencia de vida desde la infancia y que me gusta definir como:

La niña luminosa

Se refiere a la parte radiante y luminosa de tu infancia que está formada por las experiencias positivas que han dejado huella en tu registro interno, esas situaciones vividas en las que has sentido que te han valorado, te han reconocido, te han amado, y que te han acercado a sentir la conexión con tu esencia original, esa niña pura, luminosa, sin heridas, que llegó al mundo completamente conectada con su luz interior. Este arquetipo representa el lado no herido del alma, que desde su vibración elevada puede conectarse fácilmente con su pleno poder y expresar amor, alegría, asombro, pasión, sabiduría y creatividad en su experiencia de vida. Es el que puede conectarse con tu poder de autosanación.

La niña herida

Se refiere al desamparo infantil que has vivido y ha quedado registrado en tu subconsciente en forma de programación negativa, y que, sin darte cuenta, da forma a tu autoconcepto y tu manera de pensar, de ser y de actuar en el mundo. Es la niña interior herida, que no fue comprendida, con necesidades emocionales no cubiertas, que sintió el rechazo, el abandono, la humillación, la injusticia, la traición (hablaremos de estas heridas en la tercera parte del libro), y que todavía se siente insatisfecha. Estas experiencias las reprime o las niega, las oculta en la sombra, y para sobrevivir a todo ese dolor construye una máscara social, un personaje egoico, que desde la infancia empezó a adoptar para agradar, recibir amor y evitar el dolor. Esta parte interna no sabe darse amor a sí misma y busca encontrar la felicidad, la seguridad, el amor y la valía mediante cosas externas (relaciones, cosas, actividades, sexo, sustancias...) y mecanismos de defensa (control, dependencia, rigidez, evitación...) que le ayudan a protegerse del dolor y no sentirlo.

Ambas partes viven dentro de ti, solo que, para comenzar a liberarte de patrones limitantes y avanzar en tu vida hacia una mayor autenticidad y realización personal, necesitas aprender a conectar con ambas e integrarlas:

El trabajo de sanación real comienza cuando puedes integrar la niña luminosa y la niña herida en la totalidad del ser, en la unidad.

Comienza ahora con este sencillo ejercicio de *coaching*.

La línea de vida

Este ejercicio te ayuda a explorar y comprender mejor los eventos más significativos de tu vida, los luminosos y los sombríos. Comienza con tu nacimiento y traza una línea de tiempo hasta el presente, marcando los momentos más difíciles y los más felices y relacionados con logros importantes. Junto a cada evento, anota tu edad. Luego, reflexiona sobre cómo cada uno de estos eventos ha influido en tu vida, moldeando la persona que eres hoy, y las memorias emocionales que te ha dejado registradas.

Algunas preguntas que pueden guiarte para profundizar más:

- ¿Qué eventos han tenido mayor impacto en tu vida y por qué?
- ¿Cómo sería tu vida hoy si estos eventos no hubieran ocurrido?
- ¿Qué tipo de creencias y hábitos crees que has formado a raíz de estos eventos?
- ¿Qué te han enseñado estos eventos sobre ti misma, los demás y el mundo? ¿Te han impulsado? ¿Te han bloqueado?

Observa este ejemplo y completa después tu propia línea de vida en la página siguiente.

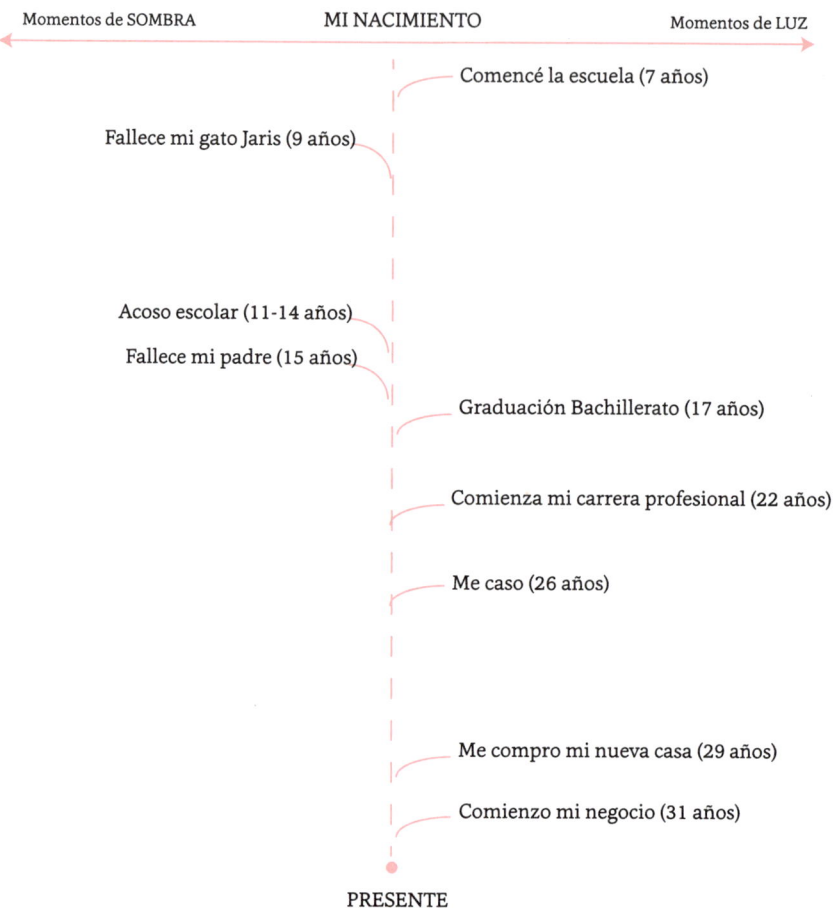

Momentos de SOMBRA   MI NACIMIENTO   Momentos de LUZ

PRESENTE

En este punto ya empiezas a poner más consciencia sobre qué necesitabas realmente y qué obtuviste en tu primera infancia. Deseo que hayas podido ver las cosas como son en realidad desde el amor y sin negarlo, para que desde tu esencia y comprensión puedas dar pasos firmes para sanar y satisfacer todo aquello que te faltó.

Ahora hablemos de esos dioses a los que admirabas profundamente de niña y les entregaste tu amor incondicional, tu lealtad y tu confianza más absolutas: hablemos de tu madre y tu padre, y de lo que ellos te ofrecieron a cambio.

Mamma - Papa - Mother
Vater - Madre - Pai - Mama
- Otosan - Mama - Baba
Matka - Tata - Majka - Ap
- Mãe - Isä - Anya - Padre
Mor - Pappa - Ma - Abba
Ema - Pater - Amma - Ait
- Anne - Papa - Mam - Páp
- Mutter - Otec - Mat - At
- Moeder - Pedar - Majk
- Babbo - Máthair - Far
Madre - Bapa - Mãe - Fade
- Mamá - Tad - Mati - Baba

SEGUNDA PARTE: HABLEMOS DE MAMÁ Y PAPÁ

Por qué tus padres son como dioses

*Los niños son absolutamente leales a sus padres,
son capaces de renunciar a sus necesidades, olvidándose de sí mismos,
con tal de sentir que pertenecen al mundo.*
André Stern

André Stern fue un niño como cualquier otro, «un niño banal», dice él mismo, pero que nunca pisó una escuela y sus padres tampoco le dieron clase en casa. André fue educado con una absoluta confianza en sus capacidades de autoaprendizaje. Creció jugando, experimentando, ocupando sus horas con todo aquello que le interesaba de forma espontánea. Sin imposiciones externas de ningún tipo. Aun así, hoy en día es un músico, compositor, lutier, autor y periodista que ama lo que hace. Además, habla cinco idiomas y ha fundado el movimiento *ecología de la educación,* por el que viaja por todo el mundo promoviendo el más profundo respeto, admiración y cuidado de la infancia.

Tuve la oportunidad de conocer a André hace unos años y de entrevistarlo para mi blog. Su entusiasmo, su vitalidad y su convencimiento me inspiraron profundamente. Durante un par de horas hablamos mucho de la infancia y de cómo ningún niño pone en cuestión al adulto que le cuida. Siempre va a pensar que es él quien tiene un problema. Sin embargo, todos los niños tienen un radar de autenticidad enorme y saben cuándo su padre o su madre realmente están o no están, le manipulan o le tratan con genuina honestidad y respeto. Los niños aceptan las mentiras de sus padres por lealtad y amor incondicional.

¿De dónde viene este instinto de confianza ciega de un niño hacia sus padres? De que, para crecer y mantenerse vivo, el ser humano necesita **apego**.

La teoría del apego fue propuesta por el psiquiatra y psicoanalista británico John Bowlby y la psicóloga canadiense Mary Ainsworth desde los años sesenta. El apego es un vínculo emocional que el bebé necesita crear con un adulto de confianza y referencia para que le proteja y le dé seguridad, aumentando así sus posibilidades de supervivencia. Es un vínculo físico, emocional y comunicativo (pero también energético) muy fuerte, es incluso más fuerte que la necesidad de alimentarse, y suele establecerse en primera instancia con la madre o la principal figura materna y, después, con el padre u otros cuidadores de referencia. La calidad de este apego puede influir significativamente en su desarrollo emocional y social en la edad adulta.

Ahora bien, con el paso del tiempo, ese vínculo va transformándose en un **amor idealizado**, que no necesariamente está ligado a la madre o al padre real, sino que, en una búsqueda de seguridad y para no sentir el desamparo y el dolor de ver que nuestras necesidades reales no son satisfechas como requerimos, vamos construyendo unos **padres imaginarios** que son una imagen enaltecida de ambos.

Los padres imaginarios son los padres ideales, que creamos en nuestra mente, que sí dan respuesta a nuestras necesidades y sensibilidades según el contexto en el que nacemos. A medida que vamos creciendo, sobre todo en la adolescencia, nos vamos desapegando de esos padres imaginarios y endiosados, y empezamos a descubrir y acoger a nuestros padres reales, es decir, tomamos consciencia de la realidad de quiénes son, de sus virtudes, de sus fallas, de sus vulnerabilidades y debilidades; pero, como somos seres complejos, muchas veces tenemos dificultades para deshacernos de esos arquetipos embellecidos que nos han salvado en el pasado, lo cual puede crearnos bloqueos en la edad adulta, dependencia, sufrimiento y una incapacidad de vincularnos y crear relaciones saludables con los demás.

La madre o el padre real que tuviste están muy alejados de la imagen idealizada que creó tu niña interior porque, en realidad, cuando una mujer o un hombre se convierten en padres, conectan y se vinculan con su hijo desde su propio niño interior.

La maternidad
es una relación emocional entre dos niños.

Fue la niña interior de tu madre la que movía los hilos de su relación contigo. Fue el niño interior de tu padre el que no pudo hacer lo que tú esperabas que hiciera en su relación contigo.

Cuando una mujer llega a la maternidad sin tener consciencia de su propia niña interior, sin haber hecho un trabajo personal previo de conocerse a sí misma, de sanar sus heridas del pasado, de encontrar su propósito de vida y desarrollarlo y, sin embargo, decide ser madre movida por un motivo egoico (es decir, buscando consciente o inconscientemente satisfacer necesidades emocionales no cubiertas de la infancia), la distancia que hay entre lo que su hijo necesita de forma genuina y lo que ella está en condiciones de poder ofrecerle provoca algo devastador y muy invisible en nuestra sociedad que llamamos la **herida materna** (en el siguiente apartado hablaremos de ello con más profundidad).

Cuanto mayor sea esta herida, más idealizada va a tener el niño a su madre imaginaria y mayor nivel de confusión, desconexión y desamparo no reconocido va a registrar en su memoria subconsciente.

Los motivos egoicos de las madres

Recuerda que el ego es la parte de la psique que se identifica con tu autoimagen, es el que percibe y piensa de forma consciente navegando por el mundo físico y social gestionando tus múltiples roles (hija, hermana, amiga, compañera, madre...), pero que actúa desde el condicionamiento de la información básica que tiene registrada en la mente subconsciente. Por tanto, cuando tomamos una decisión, como la de ser madre, podemos caer en la ilusión de que es nuestro «yo verdadero» el que está tomando las riendas decidiendo de forma libre cuando, en realidad, es la conexión profunda con las experiencias y memorias del pasado la que está operando de forma invisible en base a sus propias necesidades no satisfechas.

Entonces entenderás por qué muchas mujeres tienen hijos movidas por motivos como:

* NECESIDAD DE CUMPLIR CON LAS EXPECTATIVAS

   La sociedad, la familia, el reloj biológico..., todo parece indicar que ha llegado el momento de ser madre. Un motivo que se activa con fuerza especialmente cuando ya se han alcanzado los hitos para los que somos programadas desde la infancia, es decir: tener un trabajo fijo, una casa y una pareja estable. Si has logrado todo esto, la presión para ser madre, sumada al deseo de complacer que siente nuestra niña interior para ser reconocida, amada y tenida en cuenta, puede llegar a ser muy difícil de sostener y entonces llega la búsqueda (a veces obsesiva) del bebé.

* NECESIDAD DE AMOR

   Esto ocurre cuando llegamos a la maternidad con un deseo de experimentar el amor incondicional, porque tenemos la idea preconcebida de que vamos a tener una persona que nos amará toda la vida, ya que pensamos que los hijos aman a sus padres. Sin embargo, lo que estamos buscando en realidad es la necesidad de presencia, de consuelo, de ternura, de amor..., que nuestra niña interior quedó pendiente de satisfacer. Justamente funciona al revés: quienes deben procurar amor incondicional sin reservas en todo momento son los padres, un hijo tiene el derecho de no amar a sus padres.

- NECESIDAD DE REPARAR LA RELACIÓN CON LOS PADRES

Queremos hacer las cosas de manera diferente, queremos crear una familia que no sea en absoluto como la familia que tuvimos, queremos crear una relación con nuestro hijo que sea radicalmente opuesta a la que nos tocó vivir... En todos estos casos, lo que vamos buscando al convertirnos en madres es reparar una herida de injusticia (la explicaremos en profundidad en el próximo capítulo) que sigue pendiente de ser elaborada y trascendida en nuestra niña interior.

- NECESIDAD DE SALVAR LA RELACIÓN DE PAREJA

Cuando sentimos que nuestra relación de pareja pende de un hilo y puede terminar, entonces decidimos tener un hijo (a veces por decisión de ambos, otras veces es unilateral) y el niño se convierte en la base de unión de la pareja o en su salvador. Es una carga demasiado pesada para un bebé que ni siquiera puede valerse por sí mismo.

- NECESIDAD DE TRANSMITIR EL LEGADO

Esto se da cuando hay una necesidad de transmitir nuestra identidad, de perpetuar nuestro ser y transmitir nuestra experiencia, valores, linaje, legado... a la siguiente generación. Muy habitual en familias terratenientes, con negocios o propiedades que desean conservar en el legado familiar.

- NECESIDAD DE REALIZACIÓN PERSONAL

A veces podemos sentir que no hemos conseguido llegar a la autorrealización, sentimos frustración y buscamos completarnos a través de la maternidad, transfiriendo esa necesidad a nuestro hijo. En estos casos suele haber mucha identificación con el hijo para que él pueda lograr y alcanzar todo aquello que la madre fue incapaz de hacer.

En todos estos casos, la relación con el hijo ya no puede comenzar de forma saludable. Por eso hoy en día hay tantos «niños parche», como si estuvieran ahí para reparar algo que, en realidad, no les corresponde ni tienen por qué hacerse cargo, y desde el nacimiento se les roba la oportunidad de poder ser quienes son desde su pleno potencial.

Si a estos motivos les sumamos las trabas y dificultades que nos encontramos hoy en día al ser madres, en una sociedad patriarcal que no quiere tener en cuenta las necesidades reales de las madres y de sus hijos, el panorama es mucho más crudo de lo que me gustaría admitir.

Me refiero a la idealización a través de condicionamientos y primado negativo en los medios de lo que supone ser madre (muchas mujeres llegan a la maternidad con una visión infantil de telenovela rosa aferrándose a la idea de que su vida va a ser maravillosa cuando tengan un bebé en brazos), la soledad y el aislamiento real que sufren las mujeres que maternan, la exigencia de un sistema socioeconómico que no ampara los derechos de la infancia al obligar a las madres a abandonar a sus hijos con personas externas a edades muy tempranas, el juicio, la culpa, el sacrificio, etc. Con todo esto es fácil comprender cómo, ya desde el primer momento en el que llegamos al mundo, en lugar de experimentar el mismo nivel de confort y unión que sentíamos en el vientre materno, nuestra vivencia interna empieza a ser de separación y de pura supervivencia, y comenzamos a crear en nuestra psique, para salvarnos, unos padres imaginarios y endiosados, como aquel caminante del desierto que, en su extrema necesidad y desesperación, empieza a visualizar un oasis con agua refrescante, aunque en realidad no existe.

Este es tu momento de exploración interna:

- Piensa en lo que más necesitabas de tus padres en tu primera infancia y no recibiste en la medida en que lo deseabas. Relaciona estas necesidades no satisfechas con las cualidades que ahora consideras ideales para unos padres: ¿Cómo crees que deben actuar unos padres ideales? ¿Cuáles serían sus reacciones en situaciones difíciles? Imagina esas cualidades ideales y compáralas con cómo fueron tus padres reales. *Este ejercicio te ayudará a entender cómo creaste mentalmente a tus padres imaginarios.*

• Por otra parte, ¿te has preguntado cuáles fueron las verdaderas razones que llevaron a tus padres a decidir tener hijos? ¿Crees que sus motivos estaban más relacionados con deseos personales o con presiones externas? ¿Has considerado la posibilidad de que tus padres te hayan tenido como una forma de alcanzar su propia realización personal o para vivir a través de ti experiencias que ellos no tuvieron? *Este ejercicio te ayudará a entender la carga que tuviste que llevar, consciente o inconscientemente, en tu vida desde que naciste.*

La fusión es la cuestión

La mujer, personificada en tu madre, es el primer ser con el que tienes contacto... Todo comienza con una total fusión del ser...; el niño es una extensión de la madre, sin que se perciban límites definidos claros. Existe una participación mística, un flujo físico de la madre al hijo y del hijo a la madre.

Karl Stern

La madre y su bebé forman un solo ser único durante la gestación, el parto y los primeros años de vida de la criatura. Existe una dependencia absoluta y toda estimulación que recibe el bebé procede de las vivencias emocionales y sensaciones de su madre. En el útero materno se crea el primer entorno de aprendizaje y desarrollo del bebé y es también donde empieza a generar sus primeras conexiones neuronales, así como la primera experiencia de vinculación con la madre. Pero en el momento que el bebé nace, sin tener consciencia de sí mismo, la fusión (que en el vientre era físicamente literal) continúa como mínimo hasta los dos o tres años estando presente en todos los niveles del ser.

A nivel físico, el bebé depende de su madre. El contacto piel a piel, la lactancia materna y la proximidad de la madre le proporcionan la sensación de seguridad y confort esenciales que requiere para cubrir sus necesidades y poder desarrollarse. La calidad de esta fusión es lo que mental y emocionalmente va a determinar el vínculo de apego. De manera que **los estados emocionales de la madre**, su voz, su estado mental, la seguridad emocional que proporciona a su hijo..., influyen por completo en la vivencia interna del bebé y su desarrollo, quien comienza a experimentar sus propias emociones absorbiendo los mecanismos de regulación emocional de la madre.

Energéticamente, hay un intercambio continuo de energía. La madre y el hijo comparten varios cordones energéticos, principalmente a nivel de chakra raíz y chakra del corazón.

El chakra raíz, ubicado en la base de la columna vertebral, ya sabemos que está relacionado con la sensación de protección, seguridad, supervivencia y arraigo. En los bebés, este chakra está profundamente vinculado con la madre, ya que ella es la fuente primaria de seguridad que satisface en primera instancia sus necesidades básicas. Este intercambio de energía es tan crucial que puede fomentar el sentido de seguridad y pertenencia que tengamos durante toda la vida. Si un bebé tiene experiencias tempranas de separación con la madre (por ejemplo, porque ha estado varios días en incubadora sin contacto materno piel a piel), puede afectar al desarrollo del chakra raíz de tal manera que es muy probable que en la edad adulta tenga más dificultades para enraizar, para sentir seguridad y confianza, y conserve una sensación invisible de escasez o de falta, incluso aunque las cosas le vayan muy bien en la vida.

En el chakra del corazón se crea otro cordón energético relacionado con el amor, la compasión y la conexión emocional. El amor y el cuidado que la madre proporciona, especialmente a través del contacto físico, como portear, abrazar y la lactancia, nutren este vínculo y afectan al desarrollo del chakra en cuanto a la capacidad de expresar amor y empatía en la vida futura de forma saludable, sin caer en dependencias emocionales u otras situaciones desequilibradas entre el dar y el recibir.

Cuando fui madre por primera vez, no era tan consciente como ahora de la fusión emocional que ocurre en la díada madre-bebé y de cómo los estados emocionales y energéticos entre ambos se alinean, pero pude verificarlo de primera mano a través de unas experiencias muy curiosas con mi hija.

Mi hija era muy pequeña y yo estaba atravesando una época de mucho estrés y trabajo, combinando mi consulta con mi puesto de apoyo educativo en una escuela. Por las noches tenía serias dificultades para conciliar el sueño y, cuando conseguía dormirme, mis sueños eran agitados. Lo más impactante para mí no era tener esos sueños, era la conexión que tenía con mi hija a través de ellos.

Poco antes de su primer año, cuando ella ya tenía un buen repertorio de palabras, empezó a despertarse en medio de mis sueños agitados. Gritaba «¡No!» o «Mamá, ¡no!» y luego estallaba en llantos. Como si con mi sueño turbulento la hubiese molestado y no la dejara dormir. Otras veces, lo experimentaba después de darle teta, tras alguno de sus muchos despertares nocturnos. Como yo sufría problemas para dormirme, mi pensamiento volvía siempre al trabajo, conectando con algún u otro caso que estuviese llevando entonces, hasta que el cansancio me vencía finalmente. Y esas veces, ella también se despertaba muy nerviosa y me gritaba, con más fuerza si cabe: «¡No!». En algunos de esos episodios, su llanto era tan amargo que no sabía cómo calmarla, y yo también acababa llorando. Me daba cuenta de que estaba mostrándome aspectos de mí misma, pero no sabía cómo abordarlo.

En uno de estos episodios empecé a susurrarle en voz baja, casi a modo de prueba. Le dije que sabía que era yo la que debía relajarme y descansar, desconectar del ruido mental y del estrés, pero que no se preocupara, como su mamá que era, encontraría la manera de solucionarlo. Fue mágico, al momento se relajó y se quedó dormida. Yo también.

Pero esta certeza tan absoluta de que ambas estábamos fusionadas, que éramos uno, la vivencié con más claridad, algunos meses más tarde. Una mañana cualquiera, mientras nos preparábamos para salir, ella empezó a narrar el sueño que yo había tenido la noche anterior. Tal cual lo describió: la playa en la que estábamos, que ella jugaba con la arena, ¡todo! E incluso nombró las palabras que yo había pronunciado en mi sueño. No lo podía creer. Se lo comenté a mi marido, que se mostró incrédulo. Debía estar confundida. Pero es que era invierno, y justo la noche anterior había soñado con aquella playa. Estos episodios se siguieron repitiendo. Todos distanciados en el tiempo, pero siempre tan impactantes. Una vez, incluso se despertó por completo en mitad de la noche, se sentó en la cama y, tan tranquila, empezó a narrar mi sueño. Recuerdo que desperté a mi marido y le dije: «¡Está diciendo lo que yo estaba soñando ahora mismo!». No se lo podía creer, pero era cierto. En aquel entonces, estoy hablando de 2010, no sabía apenas nada de cómo funcionan nuestros cuerpos energéticos ni del alcance de la fusión emocional entre una madre y su hijo, pero para mí estas experiencias fueron la prueba clara que quizá necesitaba mi mente racional para comprender el campo energético que compartimos y comenzar a vislumbrar el mundo no reconocido de mi subconsciente.

Ahora, plantéate:

- Al pensar en tu relación con tu madre desde tu nacimiento, ¿cómo describirías ese vínculo? ¿Sientes que hubo una fusión emocional y energética fuerte?

- ¿Cómo crees que las interacciones físicas y emocionales con tu madre en esos años tempranos afectaron a tu desarrollo, a tu sensación de seguridad y a tu manera de vincularte con los demás?

Tu madre no quería herirte, pero no pudo hacer otra cosa

Cuando la madre no está en contacto con su cuerpo, no puede dar al hijo el vínculo necesario para que confíe en sus propios instintos. El niño no puede relajarse en el cuerpo de la madre ni, después, en el suyo.
Marion Woodman

Todas venimos de madres que han sido criadas por madres que, por diferentes motivos personales, sociales, culturales, conscientes e inconscientes, no han podido estar muy presentes ni conectadas con sus hijos. La realidad es que tenemos madres que tampoco han sido muy contenidas, ni muy acompañadas, a veces ni miradas ni tenidas en cuenta. Estas situaciones se perpetúan en el tiempo de nuestro linaje.

Ten en cuenta que la relación que tienes con tu madre y también con tu abuela materna (pues tú ya eras un ovocito en el ovario de tu madre cuando esta era gestada por tu abuela, es decir, ya estabas en el vientre de tu abuela) deja una huella profunda en tu niña interior. No solo desde que entramos en el vientre de nuestra madre y toda la fusión emocional de los primeros años, sino hasta que llegamos a la adolescencia y vemos la madre real que tenemos, ella es como nuestra diosa sagrada.

Dice la pedagoga argentina Laura Gutman:

«¿Por qué nuestra mamá no pudo satisfacer toda necesidad milimétrica que manifestamos siendo niños? Porque mamá ha tenido una infancia de desamparo y soledad —como mínimo—, entonces también utilizó mecanismos de supervivencia cuando fue niña, y —en ese afán por sobrevivir— fue cortando los lazos hacia su propio mundo interior, para no sufrir. Resulta que la abuela materna la pasó peor, la bisabuela aún peor y así, en una cadena transgeneracional de dominación, luchas, guerras, conquistas y heridos por doquier».

Nuestra madre es nuestra primera gran maestra de vida, ella es la que atiende nuestras necesidades, con quien aprendemos a confiar en lo que viene de nuestro cuerpo, porque ella lo respeta y lo atiende.

Esa primera relación con nuestra madre sirve como patrón para la relación con nosotras mismas. Absorbemos de nuestra madre información sobre lo que sentía hacía ella misma, lo que sentía hacia nosotras y lo que sentía hacia el mundo. De modo que, y esto es de suma importancia que lo comprendas, **aprendemos a tratarnos de la misma manera que nuestra madre se trató a ella misma.**

Lo que sucede es que, muchas veces, las madres, esta función sagrada de cubrir todas las necesidades de su bebé, no la pueden hacer porque ellas mismas no están conectadas a su propio cuerpo, no son capaces de sostenerse ni cuidarse a ellas mismas y, por tanto, no pueden sostener a sus criaturas. El panorama real es que venimos de generaciones y generaciones con heridas maternas que no han sido sanadas ni elaboradas. De modo que toda mujer, cuando se convierte en madre, hace lo que puede según lo que ha recibido en su propia infancia, las circunstancias que ha vivido y el nivel de consciencia que ha alcanzado.

Aunque es cierto que ahora no podemos cambiar nada de lo que sucedió, qué importante es **mirar esta primera relación de amor para poder trascenderla**, para que esa herida materna tenga un impacto diferente en nosotras hoy.

Pero **¿qué es exactamente la herida materna?**

En pocas palabras, y partiendo del concepto que definió la autora Bethany Webster, podríamos definir la herida materna como: **la distancia que hay entre lo que yo esperaba de mi madre y lo que mi madre me dio.**

La herida materna se transmite de generación en generación e incluye todos aquellos mecanismos de afrontamiento disfuncionales que utilizamos para procesar el dolor y las emociones negativas, tan propias del ego y de la cultura patriarcal en la que vivimos, una cultura dominada por la energía masculina y donde la energía femenina es considerada «inferior que», no merecedora ni digna, algo que se ha internalizado y transmitido a través de innumerables generaciones de mujeres y que ha dificultado que se puedan cubrir las funciones básicas y naturales de la maternidad.

Según el maestro de meditación Vipassana Phillip Moffitt, una madre debería cubrir **cuatro funciones básicas**, que son:

- Crianza
- Protección
- Empoderamiento
- Iniciación

Las madres hacen lo mejor que pueden con lo que han recibido de sus propias madres y, por tanto, puede producirse una herida o trauma en cualquiera de estas funciones, lo cual nos puede dar mucha información sobre las memorias negativas y los programas que quedaron guardados en nuestro subconsciente en nuestra primera infancia.

Todas las funciones están íntimamente ligadas e, idealmente, deberían estar compartidas también por el padre (hablaremos de él en breve), cada uno compensando las debilidades del otro. Para entenderlas mejor, vamos a analizarlas por separado.

(1) La madre es cuidadora

La primera de las cuatro funciones de una madre es la crianza. Esto implica satisfacer todas nuestras necesidades (que ya vimos en la primera parte) que son vitales para crecer y desarrollarnos. Un niño que no ha cubierto bien estas necesidades básicas, cuando se convierte en una persona adulta presentará dificultades físicas y emocionales, al igual que una malnutrición puede provocar problemas de salud más adelante en la vida.

Pero hay un aspecto sutil e importante en cómo debería ser esta crianza: debería ser una crianza feliz. Es decir, que la madre celebre la existencia de su bebé con deleite a cada momento. Esto en la vida adulta nos proporcionará gran seguridad, autoconfianza y una alegría natural y espontánea que brilla por sí misma. Si no recibimos estos cuidados básicos suficientes, en la edad adulta podemos sentir una necesidad insaciable, una incapacidad de alegrarnos por los demás, o una falta de autoestima, una gran inseguridad, y podemos tener muchos miedos.

Dice Laura Gutman sobre esto:

«Si no hemos sido suficientemente amados ni nutridos por nuestra madre, creceremos con la esperanza permanente de que alguien nos alimente. A medida que vamos encarando relaciones personales durante la juventud o adultez, funcionarán siempre y cuando el otro satisfaga nuestras necesidades infantiles no satisfechas en el pasado».

Reflexiona sobre esta función:

- ¿Recuerdas haberte sentido celebrada y reconocida por tu madre durante tu infancia, o te sentiste descuidada o como una carga?

- ¿Cómo influyeron los cuidados y la atención de tu madre en tu autoestima y seguridad actual?

(2) La madre es protectora

Un niño necesita ser protegido del abuso físico, sexual y emocional, y de la posible amenaza de los tres.

Irónicamente, las primeras personas de las que debe protegerse son su madre y su padre y sus impulsos destructivos, que pueden manifestarse de muchas maneras, en forma de ira excesiva o inestabilidad emocional, por ejemplo.

Cuando una madre está cumpliendo con su rol de protectora está dándole a su hijo el gran regalo de la seguridad y la confianza en la vida. Desgraciadamente, es muy frecuente encontrar niños que viven en ambientes familiares donde no se sienten seguros, aunque no se les haga daño físicamente. Y, como nadie se da cuenta, no se nombra ni se pone palabras a esta situación, por lo que al devenir adultos no podemos explicar estos sentimientos de inseguridad, de ansiedad, que persisten en todo lo que hacemos.

Reflexiona sobre esta función:

- ¿Te sentías segura y protegida en tu hogar durante tu infancia, o había constantes amenazas de abuso físico, emocional o sexual?

- ¿Sentías que tu madre te proporcionaba un entorno seguro y te protegía?

(3) La madre empodera

La madre debe empoderar al niño, debe alentarle y enseñarle autonomía y autoconfianza en sus capacidades y talentos. Si una madre tiene confianza en sí misma, adquiere de forma natural un compromiso de preparar a sus criaturas con paciencia, generosidad y un compromiso para que puedan desarrollarse en todo su potencial.

El empoderamiento se logra alentando la autonomía y ofreciendo oportunidades variadas de estímulo y aprendizaje en el día a día. Enseñándole que podemos cometer errores y aprender de ellos. Detectando y observando sus intereses y talentos, y sabiendo acompañarlos con entusiasmo para que pueda desplegar todo el potencial que es y que ha venido a desarrollar en el mundo.

¿Pero qué sucede si la madre no sabe empoderar a su hijo?

Hay muchas madres que critican constantemente a sus hijos o no les permiten ser y fomentan que sean dependientes. Otras veces, la madre sí está dispuesta a empoderarles, pero les exige que sean como ella o les guía (o impone) un camino de vida que en realidad satisface su propio ego o sus propios deseos no cumplidos. Esto no es empoderamiento, es una forma sutil de dominación.

Muchas madres no perciben la diferencia entre cuidado y protección y la función de empoderamiento, pero la diferencia es crucial. Con el cuidado y la protección, nuestra madre nos nutre, lo que hace es darnos (por amor incondicional) todo el tiempo, pero con el empoderamiento nos permite que encontremos nuestro propio poder y podamos desarrollarlo en libertad. Por eso, cuando sentimos su aceptación y su reconocimiento es cuando podemos ser independientes y libres, al sentir la confianza para ser capaces de lograr nuestras metas.

Esto me recuerda a un caso que tuve en consulta hace unos años. Siendo mi paciente una persona adulta y exitosa, cuando me contaba un logro profesional por el que había aparecido en televisión en las noticias nacionales, su discurso era el siguiente:

«Todo el mundo me felicitaba por lograr algo tan importante y, sin embargo, mi madre no vio ni siquiera las noticias, ni le importa lo que hago».

Se trataba de una persona adulta, desde fuera parecía independiente y triunfadora, pero internamente seguía pendiente del reconocimiento materno. Ahí había una herida materna que sanar y elaborar.

¿Vas viendo en qué consiste el trauma de la herida materna? Si nuestra madre no nos empodera es probable que tengamos problemas de ansiedad, que nos critiquemos y juzguemos, que nos falte voluntad para conseguir los cambios que deseamos en nuestra vida, o que seamos demasiado perfeccionistas y exigentes para vivir con fluidez y seguridad.

Reflexiona sobre esta función:

- ¿Tu madre te alentó a explorar tus intereses y talentos, o sentías que tenías que cumplir sus expectativas o deseos no realizados?

- Cuando te autocriticas, ¿qué tipo de cosas sueles decirte? ¿Están estas autocríticas de alguna manera relacionadas con lo que tu madre solía decirte o cómo te trataba cuando eras niña? ¿Cómo han influido esos mensajes maternos en tu diálogo interno actual y en la forma en que te percibes a ti misma?

(4) La madre es iniciadora

La cuarta función de la madre es iniciar, y puede que sea la más difícil de entender. Es a través de los ritos iniciáticos que podemos sentirnos como un miembro de valor que es bienvenido en nuestra familia y en el mundo.

A medida que crecemos y nos desarrollamos, es esta función la que nos proporciona la sensación interna de que nuestra vida tiene sentido, y en la adolescencia nos permite saber que tenemos el derecho de convertirnos en la expresión completa de nuestro ser.

También esta función es la que nos permite que podamos empezar a comenzar nuestra propia vida, desde la aceptación y la celebración. Por ejemplo, las niñas logramos la experiencia interior de la feminidad a través de la iniciación de nuestra madre, que lo hace a través de cómo ella trata su propia feminidad y la de su hija. El padre también juega un papel clave en la iniciación al reconocer el poder de la niña y su derecho natural a convertirse en mujer.

Para un niño, es el padre quien es el iniciador principal de la virilidad, pero es la madre quien reconoce que el niño se está yendo de su lado para desarrollar su masculinidad. Ella entiende que esto es lo que debe ser y apoya que traiga a casa «sustitutas de madres» en forma de amigas y novias. Al darles la bienvenida, reconoce su independencia.

Cuando la iniciación ocurre de manera clara y oportuna, es un proceso muy bello de gran expansión, aunque a menudo doloroso para los padres.

La mayor parte de la iniciación se lleva a cabo a través de símbolos, rituales de celebración y otro tipo de situaciones. Sin embargo, para que una madre sea capaz de facilitar esta iniciación, debe haber recibido o encontrado la suya de alguna manera. Por lo que, cuando no puede ofrecerla, sus hijos manifiestan sentimientos de culpa por crecer, muestran comportamientos infantiles, no maduran y no se sienten preparados ni con derecho a ocupar su lugar en la vida.

Esta es la función de amor más incondicional de todas, pues la madre alienta una separación para soltar y dejar ir a sus hijos.

Reflexiona sobre esta función:

- ¿Cómo te acompañó tu madre en tus ritos de paso y transiciones importantes de tu vida (como tu primera luna, la adolescencia, tu primera relación, la independencia adulta...)?

Espacio de exploración interna

Describe a tu madre, tu primera gran maestra sagrada, y ve escribiendo lo siguiente:

- Lo positivo

- Lo negativo

- Lo que aprendes de ella

- Lo que te aporta

- Lo que te resta

(Si no tuviste madre, por diversos motivos, puedes hacerlo con la persona que consideres que es tu figura materna.).

Buscando a papá.
Papá, ¿dónde estás?

*Porque si alguno no provee para los suyos, y mayormente para los de su
casa, ha negado la fe, y es peor que un incrédulo.*
1 Timoteo 5:8

Mi padre trabajaba mucho. Rara vez estaba en casa para cenar y nunca tenía tiempo para jugar conmigo. Cuando mi padre estaba en casa, no se podía hacer ruido, trabajaba tanto que tenía que dormir y descansar. Nunca vi a mi padre en los eventos escolares, estaba demasiado ocupado trabajando para mantenernos. Mi padre era un hombre de pocas palabras, siempre enfocado en ganarse la vida para sacarnos adelante. No recuerdo haber tenido largas conversaciones con él o haber compartido actividades juntos. Los momentos de calidad que pasé con mi padre fueron muy breves. La mayoría de las veces, sentí que no lo conocía realmente.... Frases muy comunes, todas reales, extraídas de casos particulares que he acompañado en consulta.

La mayoría hemos crecido en un contexto patriarcal donde la tradición judeocristiana ha impuesto al padre la misión de proveer para su familia. Una responsabilidad que no solo es un deber práctico o económico, sino también una cuestión moral. El compromiso y la integridad de un padre se ha medido históricamente por su capacidad de proveer, pero el impacto de esto en la función materna y paterna ha sido devastador.

Por un lado, por la desigualdad de género en relación con las responsabilidades familiares, dejando a las madres con una sobrecarga de tareas y sin apoyo emocional, pero también porque ha impedido que los padres puedan experimentar una relación plena y auténtica con sus hijos.

Los primeros años de vida, el rol del padre como sostenedor es crucial para que la fusión emocional de la díada madre-bebé pueda darse de forma óptima y saludable. Ese sostén va mucho más allá de las tareas del hogar y el cuidado del bebé (que también), tiene que ver con el apoyo emocional, la comprensión y la validación que necesita la madre para sumergirse por completo y con plena confianza en esa fusión íntima con su hijo y con la protección de influencias externas disruptivas. De no tener este apoyo (aunque sea suplido por otra persona), la madre puede atravesar un periodo de fusión sufriente en el que se va a sentir sola y sin la energía suficiente para desplegar su función materna.

En 2015 publiqué *Mamamorfosis, las 200 caras de la Luna*, un libro sobre maternidad consciente. Fue un proyecto precioso en el que doscientas mujeres de todo el mundo compartían sus historias reales tras haber experimentado un despertar en sus vidas después de ser madres. Dediqué todo un capítulo a tratar el rol del padre en el acompañamiento de la díada mamá-bebé y recogí testimonios como estos:

> «Necesitaba que me escuchase, que me comprendiera y que me diese su apoyo para darme fuerzas y defender mi manera de entender la maternidad. Necesitaba, también, que defendiese incondicionalmente los intereses del más vulnerable, mi bebé». Gema Roldán.

> «Yo necesitaba de él que estuviera entendiendo el proceso en el que nos encontrábamos inmersos y que atendiera sobre todo mis necesidades de apoyo emocional y logístico. Suena frío quizá, pero si cada uno entiende su rol dentro de la pareja todo marcha mejor. Yo necesitaba saber que él estaba ahí a nuestro lado dispuesto para darnos todo lo que nos iba haciendo falta mientras yo me ocupaba de maternar». Patricia Estévez-Singerela.

> «Presencia. Necesitaba presencia. [...] Y parecía que él necesitaba todo lo contrario, me daba la impresión de que se iniciaba una especie de huida que se manifestaba en la realización de otro tipo de actividades: gimnasio, quedar con amigos para echar una partida..., y sinceramente pensaba que yo era la causante de esa huida, sentía que él se escapaba de mí para no tener que acompañarme en mi tristeza». María Sánchez.

A partir de los dos o tres años, cuando el niño ya ha desarrollado un lenguaje para comunicarse con claridad, cuando comienza a nombrarse a sí mismo como «yo» y empieza a entender que es un ser independiente y separado de su madre (muchas veces en este tiempo finaliza también la lactancia materna, si es que se ha conseguido instaurar de forma prolongada), es cuando se percibe con claridad el inicio de la separación emocional de la madre, momento en el que el padre cobra un gran protagonismo para mostrarle el mundo externo y facilitar ese proceso de construcción de su propio yo.

¿Pero qué ocurre si el padre «está ahí», pero en realidad no está, sino que permanece ocupado física o emocionalmente en otras funciones como la de proveer?

Se convierte en un padre que se supone que está, pero que realmente no está, y que se distancia emocionalmente de la realidad del niño, quien acaba sintiendo, con una gran confusión interna (porque seguramente nadie lo nombra ni pone palabras de comprensión a esta vivencia), que no llega a conectar ni a conocer de verdad a su padre.

Llevamos muchas generaciones creciendo con padres que no han estado presentes, que no han conectado con sus hijos, con lo que les pasaba, con sus procesos, con sus miedos, con sus preocupaciones, con su necesidad de mirada o de escucha…, delegando todas estas funciones en la madre. Y que, cuando estaban un poco disponibles, lo que hacían era exigir desde la autoridad una serie de condiciones necesarias para recibir algún tipo de afecto y reconocimiento paterno.

El efecto más inmediato de estas dinámicas de relación emocional es que el niño se siente rechazado de forma constante. Si un niño siente que no recibe atención, tiempo de calidad, aceptación, palabras de afecto, presencia, escucha…, se sentirá (sin saber nombrarlo) defraudado, enfadado, traicionado y, sobre todo, muy solo. Por eso, tener un padre presente pero ausente produce las mismas consecuencias que cuando está ausente por completo.

Cuando la madre asume todas estas funciones emocionales ella sola, puede llegar a compensar a un padre ausente. Si bien la vivencia interna del niño seguirá siendo de que su padre le ha abandonado, dejando ese registro en su psique. Pero cuando la madre tampoco está emocionalmente disponible (porque está agobiada, sola, sin ayuda, vive en modo supervivencia para llegar a final de mes, etc.), el niño podrá adoptar sobretodo dos mecanismos de funcionamiento que son preocupantes:

O se vuelve hacia dentro:

> Desarrolla una baja autoestima, pensamientos negativos automáticos hacia sí mismo. No se sentirá suficientemente bueno. Desvitalización. Miedos. Búsqueda incansable de amor, afecto y reconocimiento en los demás, donde cualquier sentimiento de aprecio o pertenencia es mejor que nada.

O se vuelve hacia fuera:

> Su inseguridad la enmascara mostrándose demasiado confiado, arrogante o agresivo, revelándose contra todo, como forma de tapar sus sentimientos dolorosos.

Esto explica que, cuando se produce el momento de separación emocional real (al llegar a la adolescencia), surjan tantos problemas de comunicación y relacionales entre padres e hijos, que se unan a pandillas o grupos problemáticos, o desarrollen un comportamiento antisocial, de abuso de sustancias o de juegos, o incluso una vida sexual insana, a veces de manera obsesiva.

Espacio de exploración interna

¿Tuviste un padre que estuviera realmente contigo, con el cuerpo, la mente y el corazón?

Repite este ejercicio de exploración interna describiendo ahora a tu padre y completa lo siguiente:

- Lo positivo
- Lo negativo
- Lo que aprendes de él
- Lo que te aporta
- Lo que te resta

Las palabras son como la letra escarlata, te marcan para siempre

Lo que encierra a cada niño dentro de un personaje cualquiera, y lo obliga
a jugar hasta el final de sus días dicho personaje, es la palabra del adulto.
Es el adulto quien le da nombre al niño. Le da una identidad.

Laura Gutman

Crecí escuchando a mi madre nombrarme y definirme como una niña seria, buena estudiante y muy responsable. Sí, esa era yo desde su poderoso cristal. Mi madre, como todas las madres que conozco, tenía muy buenas intenciones y sé que desconocía el devastador efecto de sus palabras. Pero lo tenían. Todas las etiquetas (o formas varias de definir a los niños) lo tienen, ya sean positivas o negativas.

¿Por qué? Voy a seguir sirviéndome de mi propio caso para intentar explicarlo. Como no podía ser de otra manera, ya de muy niña me convertí en lo más parecido a lo que mi madre nombró: siempre la mejor de la clase, la que sacaba dieces, la empollona, y con grandes dificultades para dejarme llevar, con esa actitud seria y responsable que me caracterizaba en todo lo que hacía. Sí, las etiquetas son así, son como un estigma que te marca de por vida. No importa que sean buenas o malas, pero te definen, te condicionan y te limitan.

El caso es que los adultos somos los que nombramos cómo son las cosas. Por eso, para un niño, lo que decimos, es. Ya hemos visto que el niño pequeño cree en sus padres, no pone en duda lo que escucha de boca de papá o mamá. Y esto es así porque necesita tener una identidad, un lugar suyo, único e irreemplazable en el seno de su familia. De esta manera, sin darnos mucha cuenta, todos los días decimos palabras que definen a los niños: que es un llorón, o muy tímido, o un cabezota, o un pesado, o divertido, o un poco malo, o muy inquieto o el más listo. Entonces el niño empieza desde los cero años, a forjarse un «personaje» que le definirá. Y como los adultos, al mirarlo, miramos y seguimos nombrando su personaje, entonces, para ser mirado, se esforzará por hacer el mejor papel de ese «traje» que le hemos asignado, ya sea positivo o negativo. Lo más terrible de esto (que nos ha pasado a todos) es que provoca que el niño se pierda de sí mismo. Porque cuando un niño, de tanto escuchar a sus padres, se convence a sí mismo que es vago o nervioso, o responsable, o lo que sea que le digamos, queda atrapado en un circuito; como es así, tiene que hacer todo lo posible para seguir siendo así, para ser algo. Se queda sin poder probar otras posibilidades, pierde su libertad de ser. Y es entonces cuando empieza también a no registrarse a sí mismo, ni lo que realmente le pasa, lo que quiere, lo que siente..., y llega a la adolescencia, a la edad adulta, sin saber quién es y, por tanto, desconectado de su esencia.

Espacio de exploración interna

Y a ti, ¿cómo te definía tu madre o tu padre? ¿Cuáles eran tus etiquetas?

LAS ETIQUETAS DE MI VIDA

LO QUE DECÍA MAMÁ DE MÍ

LO QUE DECÍA PAPÁ DE MÍ

- De estas etiquetas, ¿cuáles se mantienen de cómo te ves a ti misma ahora? ¿Siguen identificándote o has desarrollado una percepción diferente de ti misma?

- Reflexiona y describe cómo crees que los demás te perciben en este momento de tu vida.

Desintoxícate de la influencia de tus padres

Los niños que no son animados a hacer, a intentar, a explorar, a dominar y a arriesgarse a fracasar, a menudo se sienten impotentes e inadecuados. Sobrecontrolados por padres ansiosos y temerosos, estos niños a menudo se vuelven ansiosos y temerosos ellos mismos. Esto dificulta su madurez. Muchos nunca superan la necesidad de una guía y control parental constante. Como resultado, sus padres continúan invadiendo, manipulando y frecuentemente dominando sus vidas.

Susan Forward

Imagina una plaza llena de palomas en el centro de Málaga. Son los últimos años del siglo XIX. Un profesor de arte, sin trabajo y prácticamente en la ruina, le grita a su hijo que, si quiere ser pintor, tiene que aprender a dibujar bien. Entonces le pide que dibuje una paloma. El niño le hace caso, pero la dibuja a su manera. Lo que ocurre después seguro que lo intuyes. Se ve obligado a dibujar cientos de palomas durante días y días, y cuando empieza a hacerlo a la perfección, entonces y solo entonces, su padre le dice: «Ahora ya puedes dibujar lo que quieras».

Ese niño existió, fue Pablo Picasso. El autor del *Guernica* siempre describió una dinámica relacional compleja con su padre, José Ruiz Blasco, quien sentía una mezcla agridulce de orgullo y celos por el talento tan excepcional de su hijo. Esta relación ejerció una influencia muy profunda en Picasso a lo largo de su vida. Influyó en sus relaciones personales, que fueron bastante turbulentas, pero también en su expresión artística. De hecho, Picasso llegó a revelar que, cada vez que dibujaba a un hombre, inconscientemente pensaba en su padre. Un detalle que muestra la profunda huella que dejan los padres en la psique de sus hijos.

Cuando la relación con nuestro padre o nuestra madre ha sido disfuncional en la infancia, la que tiende a mostrarse después en la vida adulta al relacionarnos con ellos es nuestra niña interior. Por eso es tan habitual que una llamada de teléfono o una simple comida familiar nos provoque reacciones emocionales similares a las que teníamos de niñas o adolescentes. De hecho, nuestros padres reactivan pensamientos, reacciones y miedos infantiles, tienen el poder de devolvernos a un estado de vulnerabilidad, de dependencia y de inseguridad infantil.

Este control parental puede durar muchos años y puede expresarse a través de violencia física, verbal o psicológica. Es la causa de que se den situaciones como las de mi amiga Marisa, que me confesaba con pesar que su madre de noventa años tenía el poder de controlar a sus hijas a su antojo, que «les podía a todas» y tenían que acceder a sus peticiones como, por ejemplo, verse obligada a cambiar de ciudad de residencia para estar más cerca de ella. De ahí que sea tan doloroso perder a los padres, porque quien tiene que pasar el duelo no eres tú como adulta, es tu niña interior la que llora su pérdida.

Los padres pueden tener control sobre un hijo, incluso cuando es adulto, de forma consciente o inconsciente, llegando hasta el punto de dominarlo por completo, anulando sus libertades y tomando las decisiones por él sin tener en cuenta su propio deseo o autonomía, lo que acabará afectándole en todos los aspectos de su vida.

Pero ¿cómo es posible que se establezca esta influencia parental tan abusiva?

La influencia de los padres comienza en la infancia con la autoridad que ejercen sobre los hijos. Son los padres (a veces solo uno de ellos) los que definen las reglas y organizan el marco de posibilidades de la vida del niño. Cuanto más vulnerable y dependiente sea el niño, más fuerte se expresa esta autoridad, pero debe irse diluyendo a medida que el niño va adquiriendo más autonomía y sus propios recursos para afrontar los desafíos de la vida. De modo que, cuando el niño ha crecido y es totalmente autónomo, esta autoridad parental desaparece. Solo que algunos padres no quieren soltar este control, aunque ya no sea su rol, y siguen ejerciendo su autoridad y dominio incluso cuando su hijo es adulto y plenamente capaz de tomar sus propias decisiones y dirigir su vida de manera independiente. Son padres que tienen dificultades para ver a su hijo como un ser autónomo y competente y lo siguen percibiendo muy vulnerable e incapaz.

De ahí que un adulto que sigue bajo la influencia de sus padres pueda mostrar reacciones emocionales infantiles con ellos y tenga muchas dificultades para marcar límites (decirles «no») o para defender sus intereses frente a ellos.

Las dinámicas disfuncionales de influencia parental pueden establecerse por muchos motivos, algunos muy comunes son:

- Porque son padres que tuvieron el mismo tipo de relación con sus propios padres y repiten los mismos patrones sin darse cuenta.

- Porque tienen un niño interior herido y se involucran tanto en su papel de padres porque su hijo les recuerda continuamente su propio sufrimiento.

- Porque el hijo se ha convertido en el pozo de descarga emocional en el que los padres pueden aliviar su propio estrés, frustraciones y problemas no resueltos, proyectando sus inseguridades y expectativas en él, en lugar de afrontar y gestionar sus propias emociones de manera saludable.

- Porque hay un deseo profundo de que su hijo logre todo lo que no pudieron lograr por ellos mismos y, por tanto, se involucran en todos los aspectos de la vida del hijo para dirigirlo hacia la consecución de sus propios deseos fallidos.

- Porque los padres no tienen un propósito de vida o proyectos personales propios y se dedican en cuerpo y alma a su hijo. Si el hijo crece y se independiza, perderán su identidad y su rol, y no les quedaría nada que les aportase sentido más que un vacío existencial.

Las consecuencias de crecer con padres así pueden suponer graves efectos emocionales: dependencia emocional, aislamiento, dificultades de comunicación, autoimagen negativa, dificultad para gestionar sus emociones, dificultad para satisfacer las propias necesidades o establecer límites, falta de confianza en habilidades propias... Incluso se puede llegar a desarrollar trastornos límite de la personalidad, especialmente si ha habido un ambiente de violencia y negligencia emocional.

El primer paso es reconocer la influencia tóxica de tus padres para, después (en la cuarta parte del libro), empezar a liberarla.

Reflexiona sobre la influencia de tus padres

Este test te ayudará a indagar sobre posibles influencias negativas de tus padres que podrían haber afectado a tu desarrollo emocional. Contesta las preguntas pensando en las acciones más frecuentes de tu padre o de tu madre o figuras parentales significativas (contesta el test una vez para cada uno de ellos). Lee cada frase y califica en una escala de 0 a 3, donde 0 es «Nunca», 1 es «Raramente», 2 es «A menudo» y 3 es «Siempre». Suma tus puntos al final para interpretar tus resultados.

Mi madre o mi padre…

1. Siempre exageraba los problemas, creando un clima de ansiedad.

   M: Nunca ☐ (0) Raramente ☐ (1) A menudo ☐ (2) Siempre ☐ (3)

   P: Nunca ☐ (0) Raramente ☐ (1) A menudo ☐ (2) Siempre ☐ (3)

2. Tenía reacciones emocionales extremas hacia mí.

   M: Nunca ☐ (0) Raramente ☐ (1) A menudo ☐ (2) Siempre ☐ (3)

   P: Nunca ☐ (0) Raramente ☐ (1) A menudo ☐ (2) Siempre ☐ (3)

3. Intentaba controlar todos los aspectos de mi vida.

   M: Nunca ☐ (0) Raramente ☐ (1) A menudo ☐ (2) Siempre ☐ (3)

   P: Nunca ☐ (0) Raramente ☐ (1) A menudo ☐ (2) Siempre ☐ (3)

4. Me menospreciaba constantemente.

   M: Nunca ☐ (0) Raramente ☐ (1) A menudo ☐ (2) Siempre ☐ (3)

   P: Nunca ☐ (0) Raramente ☐ (1) A menudo ☐ (2) Siempre ☐ (3)

5. Siempre cuestionaba mis decisiones.

   M: Nunca ☐ (0) Raramente ☐ (1) A menudo ☐ (2) Siempre ☐ (3)

   P: Nunca ☐ (0) Raramente ☐ (1) A menudo ☐ (2) Siempre ☐ (3)

6. Se negaba a asumir su responsabilidad en problemas o conflictos.

   M: Nunca ☐ (0) Raramente ☐ (1) A menudo ☐ (2) Siempre ☐ (3)

   P: Nunca ☐ (0) Raramente ☐ (1) A menudo ☐ (2) Siempre ☐ (3)

7. Alternaba entre ser muy amable y muy hostil.

M: Nunca ☐ (0) Raramente ☐ (1) A menudo ☐ (2) Siempre ☐ (3)

P: Nunca ☐ (0) Raramente ☐ (1) A menudo ☐ (2) Siempre ☐ (3)

8. Se negaba a cualquier conversación sobre cambios o compromisos.

M: Nunca ☐ (0) Raramente ☐ (1) A menudo ☐ (2) Siempre ☐ (3)

P: Nunca ☐ (0) Raramente ☐ (1) A menudo ☐ (2) Siempre ☐ (3)

9. Siempre sentí la necesidad de obtener su aprobación.

M: Nunca ☐ (0) Raramente ☐ (1) A menudo ☐ (2) Siempre ☐ (3)

P: Nunca ☐ (0) Raramente ☐ (1) A menudo ☐ (2) Siempre ☐ (3)

10. Me ponía muchas trabas para hacer cosas de forma libre e independiente.

M: Nunca ☐ (0) Raramente ☐ (1) A menudo ☐ (2) Siempre ☐ (3)

P: Nunca ☐ (0) Raramente ☐ (1) A menudo ☐ (2) Siempre ☐ (3)

11. Siempre me hacía sentir culpable.

M: Nunca ☐ (0) Raramente ☐ (1) A menudo ☐ (2) Siempre ☐ (3)

P: Nunca ☐ (0) Raramente ☐ (1) A menudo ☐ (2) Siempre ☐ (3)

Interpreta los resultados

- **0-11 puntos:** Influencia parental leve. Las señales de influencia negativa son mínimas o inexistentes.

- **12-22 puntos:** Influencia parental moderada. Hay ciertas señales de influencia negativa que podrían haber afectado a tu desarrollo.

- **23-33 puntos:** Influencia parental severa. Las respuestas indican una fuerte influencia negativa que probablemente ha tenido un impacto significativo en tu desarrollo emocional.

Mamá: _____ Papá: _____

Nota: Este test es solo una herramienta de reflexión y no sustituye la evaluación de un profesional. Si encuentras resultados preocupantes, considera buscar apoyo de un terapeuta.

CRECER

DOLOR

TERCERA PARTE: ¿SE PUEDE CRECER SIN DOLOR?

Las heridas siempre dejan una cicatriz

El cerebro humano es un órgano social que está moldeado por la experiencia, y que está moldeado para responder a la experiencia que está teniendo. Especialmente en las primeras etapas de la vida, si estás en un constante estado de terror, tu cerebro está diseñado para estar alerta ante el peligro y para tratar de hacer que esos terribles sentimientos desaparezcan.

Bessel Van Der Kolk

Un padre le dice a su hijo:

—Coge el plato y tíralo al suelo.

El niño, con curiosidad, lo tira y observa cómo se rompe en varios trozos.

—¿Se ha roto? —le pregunta el padre.

—Sí.

—Ahora, pídele perdón.

El hijo, algo sorprendido, obedece.

—¿Ha vuelto a estar como antes?

El niño niega con la cabeza.

—Pues eso es lo que pasa cuando haces daño a alguien con tus palabras.

Solo que incluso aunque uno quiera rescatar el plato, pegarlo con el mejor pegamento del mundo y seguir usándolo…, el plato ya nunca volverá a ser el mismo.

Ahora entiendes por qué las experiencias emocionales dolorosas o traumáticas que sufrimos en la infancia causan una herida que, aunque cicatrice, deja una marca para toda la vida. Estas heridas pueden venir de traumas específicos, pero también de no haber satisfecho las necesidades genuinas que precisamos satisfacer al crecer en nuestra infancia (como hemos visto en la primera parte del libro). Es más, no he conocido ni una sola persona que haya nacido en este sistema patriarcal que no arrastre necesidades que no han sido bien cubiertas o dolor reprimido desde su niñez.

Las heridas emocionales son experiencias personales e individuales que están relacionadas con la vivencia interna, es decir, con la percepción y el sentimiento de que la mente subconsciente registra de aquello que le ocurrió.

Una madre puede sentir que está haciendo lo correcto y tener buena intención al sermonear continuamente a sus hijos, porque quiere moldearlos para que sean personas fuertes y de valor, pero la sensibilidad y la experiencia interna de cada niño creará en su memoria emocional una impronta que le condicionará toda la vida (o quizá no), aunque el desencadenante pueda parecer que no es tan traumático.

Por eso insisto tanto en mis talleres y formaciones en que se conozca el perfil energético emocional de los niños, puesto que esa impronta energética lunar va a darnos mucha información inicial de cómo vincularnos emocionalmente con ellos y cubrir sus necesidades individuales. Ahora bien, la realidad es que la infancia es la época más sensible, vulnerable y expuesta de toda nuestra vida y, sin embargo, es la menos respetada y sacralizada.

Nuestra sociedad está en manos de un colectivo de hombres y mujeres que somos víctimas de una gran cadena de desamparo y trauma que se ha normalizado y que se va perpetuando generación tras generación, como las plagas de hongos que se propagan rápidamente de forma silenciosa arrasando todas las cosechas, y acaban afectando a la calidad del suelo y a la capacidad de cultivo durante años y años.

Por tanto, podemos partir de la base de que todos cargamos con heridas emocionales que crean un sufrimiento interior que puede tener consecuencias más o menos graves en la salud física, mental, emocional y energética de una persona, y puede crear patrones y comportamientos tóxicos y negativos (llamados *máscaras* o *personajes*) en un intento inconsciente y adaptativo de aliviar el dolor emocional.

A veces las heridas son tan dolorosas que, como adultos, haremos lo posible para huir de ese dolor activando diversos mecanismos de defensa.

El trabajo de consciencia comienza por transformar esas heridas en una alerta positiva, es decir, que actúen como un recordatorio o una señal que nos ayude a reconocer de forma consciente ciertas situaciones, patrones de comportamiento o necesidades internas.

En todo caso, las heridas emocionales de la infancia y sus cicatrices, como en el plato restaurado que conserva las grietas rotas, no desaparecen del todo, solo podemos aprender a reconocerlas para vivir con ellas, trascenderlas y extraer la sabiduría que nos dejan.

Antes de avanzar, tómate unos minutos para reflexionar con calma.

Este breve cuestionario es una oportunidad para explorar y tomar consciencia de aspectos actuales de tu vida. Aborda cada pregunta con honestidad y apertura, escucha tu sentir interno. Este proceso es solo para ti y es un primer paso para reconocer patrones y emociones que pueden estar influenciando tu vida y que se ponen en funcionamiento por diversos traumas y heridas que arrastras del pasado.

1. ¿Te cuesta confiar en los demás? ☐ Sí ☐ No

2. ¿Tienes la sensación desde siempre de que «hay algo mal en ti»? ☐ Sí ☐ No

3. ¿Tienes miedo a expresar tus opiniones por temor al rechazo? ☐ Sí ☐ No

4. ¿Tienes la tendencia a procrastinar tareas, tanto para iniciarlas como para terminarlas? ☐ Sí ☐ No

5. ¿Sientes ansiedad cuando alguien importante para ti no está disponible? ☐ Sí ☐ No

6. ¿Eres extremadamente sensible a las críticas? ☐ Sí ☐ No

7. ¿Te molesta la deshonestidad o la falta de integridad? ☐ Sí ☐ No

8. ¿Te apegas rápidamente a los demás, a los lugares, a las cosas...? ☐ Sí ☐ No

9. ¿Eres marcadamente perfeccionista y exigente? ☐ Sí ☐ No

10. ¿Te cuesta estar sola y buscas constantemente compañía? ☐ Sí ☐ No

11. ¿Evitas extremadamente situaciones donde puedas ser el centro de atención? ☐ Sí ☐ No

12. ¿Tienes un fuerte sentido del deber y te frustras cuando otros no lo cumplen? ☐ Sí ☐ No

13. ¿Te preocupa en exceso lo que los demás piensan de ti? ☐ Sí ☐ No

14. ¿Evitas tomar iniciativas para no ser criticada? ☐ Sí ☐ No

15. ¿Sientes ansiedad significativa ante los cambios o las novedades? ☐ Sí ☐ No

16. ¿Buscas la aprobación y atención de los demás en lo que haces o tiendes a complacer a los demás siempre antes de pensar en ti? ☐ Sí ☐ No

17. ¿Tienes dificultades para establecer límites o decir «no»? ☐ Sí ☐ No

18. ¿Tienes la impresión de tomar siempre malas decisiones? ☐ Sí ☐ No

19. ¿Sientes la necesidad de llenar un vacío interior con cosas materiales? ☐ Sí ☐ No

20. ¿Tienes la tendencia a buscar conflictos sin querer, como si tuvieras miedo a la felicidad? ☐ Sí ☐ No

21. ¿Tienes dificultad para sentirte competente en el trabajo que desempeñas o sufres a menudo el «síndrome de la impostora»? ☐ Sí ☐ No

22. ¿Analizas en exceso las acciones de los demás buscando segundas intenciones? ☐ Sí ☐ No

23. ¿Te cuesta aceptar elogios o cumplidos? ☐ Sí ☐ No

24. ¿Tu mente pone constantemente el foco en tus errores y fracasos o está en modo autocrítica? ☐ Sí ☐ No

25. ¿Te consideras una persona rígida en tus expectativas personales y de los demás? ☐ Sí ☐ No

Haz un recuento de todas las veces que has respondido «Sí». Esta cifra te ayudará a poner consciencia en el nivel de impacto que las heridas emocionales de la infancia podrían tener en tu vida. Cuanto mayor sea el número de respuestas afirmativas, más probable es que tu niña interior herida esté influyendo en tu bienestar y en tu comportamiento diarios.

Pero si mi infancia no fue traumática…, dijo Pinocho.

¿Cómo puedes curar, poco a poco,
tus heridas si raramente eres consciente de padecerlas?
Lise Barbeau

Hay una escena épica al final de la exitosa novela *Lo que el viento se llevó*, escrita por Margaret Mitchell y llevada magistralmente al cine en 1939, en la que Scarlett O'Hara, tras presenciar cómo su amado Rhett Butler la abandona, gimotea para sí misma: «Debe de haber alguna forma para hacerle volver. Ahora no puedo pensar en ello. Me volvería loca si lo hiciera. Ya lo pensaré mañana».

Ese «ya lo pensaré mañana» captura de forma impecable una tendencia de muchas personas a no abordar sus traumas y conflictos internos. Una actitud muy común que no es más que una forma de negación y una táctica de supervivencia para seguir adelante sin afrontar la verdad de lo que ocurre y de los aspectos más dolorosos de la vida. Lo he observado cientos de veces en consulta: personas que maquillan su infancia, o simplemente le restan importancia, para no querer tomar consciencia de los traumas que, sin embargo, han dejado una huella profunda en su identidad e interfieren de forma significativa en sus conflictos actuales. Cuántas veces no habré escuchado frases como: «Mis padres me pegaban cachetes de vez en cuando, pero no he salido tan mal», «Me educaron con gritos y castigos, pero no he salido tan mal», «Esto se ha hecho toda la vida con los niños y no hemos salido tan mal»… Frases que defienden a esos padres imaginarios de los que te hablaba antes, pero que ocultan el desamparo, el dolor y el trauma vividos.

La palabra *trauma* es una palabra griega que literalmente significa *herida*. Por tanto, herida y trauma son dos conceptos inseparables. Aún así, en el contexto de la salud mental y emocional, podemos entender que un trauma es un evento puntual o acumulado en el tiempo de experiencias negativas de gran intensidad emocional y física, y la herida, por otro lado, se refiere a las secuelas emocionales o psicológicas que deja ese trauma.

Vamos a conocer los cinco tipos principales de trauma psicológico que pueden haberte afectado desde tu infancia:

TRAUMA EMBRIONARIO

Es un trauma de choque y emocional que ocurre durante el embarazo cuando hubo un peligro para la vida de la madre o del bebé, o surgen emociones negativas muy intensas en la madre debido a experiencias dolorosas, como la pérdida de un ser querido o estar sometida a violencia doméstica durante el embarazo.

TRAUMA DE NACIMIENTO

Este trauma fue descrito por el psicólogo y psicoanalista austriaco Otto Rank y está relacionado con el momento del parto. De hecho, el primer trauma experimentado por el ser humano ocurre al nacer, ya que se da una separación brusca con el cuerpo de la madre y pasamos de forma repentina de un entorno confortable, en el que nos sentimos protegidas y completamente satisfechas, a un entorno exterior desconocido y peligroso donde mamá ya no está siempre disponible.

TRAUMA DE *SHOCK*

Se crea cuando hemos vivido una experiencia en la que hemos estado en peligro de muerte o cuando nos hemos enfrentado a la muerte de otra persona, ya sea por un desastre natural, accidentes, enfermedades, agresiones, intervenciones quirúrgicas y procedimientos médicos dolorosos.

TRAUMA EMOCIONAL

Se crea tras una emoción negativa muy intensa que no ha sido bien gestionada. Ocurre cuando sucede algo en nuestra vida que nos saca, de forma abrupta y violenta, de nuestra zona de seguridad y confort. Por ejemplo, cuando en nuestra familia vivimos separaciones, duelos o traiciones. Este tipo de trauma puede estar muy relacionado con el siguiente.

TRAUMA DE DESARROLLO

Se crea durante nuestro desarrollo psicoemocional en la infancia y adolescencia debido a eventos traumáticos, negligencia, privaciones repetidas, maltrato, abuso de cualquier tipo o vivir en ambientes inadecuados en los que haya violencia, adicciones, enfermedades mentales no tratadas, situaciones de pobreza, etc.

Una vez llegó a mi consulta una madre (a la que llamaré Lucía) con un niño de seis años. Lucía había sufrido la pérdida de su compañero y padre de su hijo debido a un accidente de aviación cuando estaba embarazada de cinco meses. Poco antes de parir a su hijo, intentó quitarse la vida. Tras el parto, que acabó en una complicada cesárea, continuó atravesando una depresión que no le permitió ocuparse de su bebé, quien quedó a cargo de la abuela materna y una vecina de confianza cuando la abuela trabajaba. Lucía, que había rehecho su vida y se sentía en un buen momento vital, acudió a mi consulta porque su hijo sufría episodios de terrores nocturnos, enuresis y tenía dificultades de aprendizaje en la escuela. En nuestro primer encuentro me preguntó en un susurro si podía haber alguna relación con lo que había vivido en el embarazo. Debió verlo en mis ojos, porque antes de que pudiera decirle nada me tomó una mano y me preguntó con la voz más firme y decidida que he escuchado nunca: «¿Qué tengo que hacer para quitarle ese trauma?»

En un caso tan dramático, es evidente que hay varios traumas que sanar. Otras veces, como los traumas de desarrollo, pueden ser más invisibles, pero son los más comunes y los que acaban moldeando nuestra vida adulta. Son traumas que vivimos en primera instancia en edades tempranas con las personas que nos cuidan (mamá y papá, sobre todo), pero que funcionan como una especie de «eco» en nuestra mente subconsciente: una vez que una experiencia negativa queda grabada, nuestra mente tiende a buscar y reaccionar a situaciones similares en el futuro, incluso en otros contextos, reforzando esas experiencias negativas iniciales.

Los traumas programan una especie de sistema automático, un servomecanismo interno, que opera bajo los patrones aprendidos y sigue respondiendo a las viejas heridas, influyendo en cómo percibimos y reaccionamos ante nuevas situaciones a lo largo de nuestras vidas.

Ya hemos hablado de las carencias en nuestras necesidades básicas y la relación con mamá y papá, que son la base primordial que acaba condicionando nuestra identidad, nuestros mecanismos de defensa, nuestro comportamiento y nuestra forma de relacionarnos con nosotras mismas, con los demás y con el mundo. A partir de aquí, podríamos categorizar muchos tipos de traumas de desarrollo y las heridas que provocan, pero la sencilla clasificación que hace la autora canadiense Lise Bourbeau, que denomina las cinco heridas existenciales, siempre me ha parecido muy práctica, realista y fácil de comprender. Así que, partiendo de su visión, y añadiendo la capa extra de la relación con nuestro cuerpo energético, podríamos hablar de estos cinco traumas de desarrollo generales en los que todas las personas nos vemos reflejadas en mayor o menor grado.

(1) Unos ojos tristes pueden esconder una profunda humillación

Hace unos años trabajé como maestra de audición y lenguaje en un instituto de educación secundaria al que asistían muchos alumnos provenientes de centros de menores, jóvenes que, debido a diversas situaciones dramáticas, no podían vivir con sus padres (o eran huérfanos) y el Estado se ocupaba de ellos. En aquel centro fui testigo de historias de vida tan duras y complejas que las novelas de Dickens se quedan en nada a su lado.

Un día, en un aula de primero de secundaria, en la que entraba como apoyo de unos inmigrantes recién llegados, unas risas burlonas empezaron a resonar en el fondo de la clase. Varios chavales se reían con una actitud de desprecio de algo que estaban mirando en el móvil a escondidas. Ese sonido pernicioso se propagó por la clase como una ola en pocos segundos. La profesora titular de la asignatura llamó al orden, confiscó uno de los móviles y me lo mostró, consternada. Me quedé sin palabras. En un chat de WhatsApp, varios alumnos habían compartido fotos de una compañera, y lo habían llenado de mensajes tipo *memes* tan despectivos y humillantes que recuerdo que pensé que cómo era posible que pudieran expresar tanta crueldad siendo apenas unos críos. Pero lo que más me alteró, sin ninguna duda, es que la alumna afectada (que vivía desde los nueve años en un centro de menores porque sus padres estaban en prisión) hubiera sufrido ese tipo de acoso desde hacía meses y nadie se hubiera enterado en el centro. Por supuesto que desde el equipo directivo y el departamento de orientación se tomaron después todas las medidas disponibles para abordar la situación, pero a veces me pregunto cuál habrá sido el destino de aquella niña, que hoy ya debe ser una mujer adulta, y cuya mirada triste y vacía, llena de resignación, no puedo olvidar.

Humillar significa hacer que alguien se sienta avergonzado, menospreciado o indigno de una manera insultante. Se da cuando en nuestra infancia percibimos o sentimos que nos han humillado.Por ejemplo, que nuestros padres se avergüenzan de quienes somos o de lo que hacemos, o también cuando se ha reprimido la conexión con nuestro propio cuerpo.

Puede venir inicialmente de eventos como sufrir regañinas por ensuciarse, de padres que dicen abiertamente «me das vergüenza», hasta castigos humillantes.

Este trauma suele establecerse o reactivarse durante los primeros tres años de vida, en plena fusión emocional con la madre y la conquista de la autonomía, pero también en eventos en los que hemos tenido la impresión de que nuestra intimidad no se ha respetado y nuestra dignidad ha sido vulnerada.

La herida que crea la humillación es sobre todo **falta de amor propio**: llegamos a aceptar la vejación sintiendo que los que nos han ofendido tienen razón y quedamos pendientes de una necesidad de aprobación constante de los demás.

La emoción que queda reprimida en el cuerpo es la **vergüenza** (lo que hago es indigno, hay algo mal en mí y tengo que ocultarlo) y **la culpa** (lo que hago está mal), que va guiando las decisiones, las acciones y los patrones relacionales de nuestra vida.

Cuando sufrimos esta herida, adoptamos un **mecanismo de defensa masoquista** a través del autosabotaje. La persona vive en una búsqueda inconsciente de dolor y autosabotea sus relaciones, sus actividades, su trabajo, la relación consigo misma. Sin darse cuenta, organiza su vida cotidiana para estar siempre en la energía del sufrimiento, castigándose a sí misma antes de que la castiguen los demás. A ojos de los demás, puede parecer una persona muy competente que acepta y asume muchas responsabilidades, pero de forma inconsciente lo hace porque esas situaciones la ponen en una energía de sufrimiento. Esto implica que su vida se convierte en un baile entre asumir el rol de salvadora, queriendo ayudar a los demás, aunque suponga un perjuicio propio, y de víctima, buscando situaciones donde se siente sin libertad, preocupándose más de los otros que de sí misma.

Energéticamente está relacionado con:

- **Chakra del sacro:** el trauma de humillación puede afectar profundamente a este centro energético a través de la vergüenza y la culpa, especialmente en lo que respecta a la identidad personal y la expresión emocional y sexual. La humillación puede reprimir la libre expresión de las emociones y la creatividad, afectando a la capacidad de relacionarnos de manera sana y abierta con los demás.

- **Chakra del plexo solar:** socava la autoestima y la sensación de control sobre la propia vida. Disminuye la confianza en una misma y crea un sentido de impotencia, lo que afecta a la capacidad de establecer límites saludables y de afirmarse en el mundo.

Algunas preguntas para reflexionar:

- ¿Recuerdas momentos de tu infancia en los que te sentiste avergonzada, menospreciada o humillada?

- ¿Hay situaciones en tu vida actual en las que sientes vergüenza o culpa de manera habitual?

- ¿Te encuentras a menudo asumiendo responsabilidades que te causan sufrimiento?

- ¿Crees que hay situaciones en las que inconscientemente buscas el dolor o el autosabotaje?

- ¿Sueles encontrarte en roles donde intentas ayudar a otros, incluso si eso significa un perjuicio para ti? ¿O en situaciones donde te sientes atrapada o sin libertad, preocupándote más por los demás que por ti misma?

- ¿Sientes que tus relaciones personales reflejan un patrón de búsqueda de aprobación y reconocimiento o de colocarte en una posición de víctima?

(2) No, Cenicienta, no puedes ir al baile. La injusticia

Cenicienta quería ir al baile. Rogó a su madrastra que se lo permitiese, pero esta le decía: «¿Tú, la Cenicienta, cubierta de polvo y porquería, pretendes ir a la fiesta?». Por mucho que insistiera y suplicara la muchacha, y que hiciera todas las tareas abusivas que le ordenaba la nueva mujer de su difunto padre, no la dejó ir.

El trauma de injusticia se crea como resultado de una autoridad y frialdad vividas de manera traumática durante la infancia por la que el niño no se siente respetado y apreciado por lo que es, no se le escucha y no se tienen en cuenta sus necesidades y límites. De manera que crece sintiendo que debe estar a la altura de lo que los demás esperan, en lugar de ser él mismo.

Suele establecerse entre los cuatro y los seis años con el progenitor que comparte la misma energía Yin (femenina) o Yang (masculina). Se da cuando crece en un ambiente muy restrictivo en el que hay que acatar reglas y normas, aunque no respeten sus propias necesidades, y no tiene derecho a cuestionarlas. La vivencia interna del niño es que se enfrenta a un muro cuando intenta expresar sus emociones, y como no encuentra referentes en los demás que expresen sus emociones de forma saludable, tampoco sabe cómo expresar las suyas y acaba reprimiéndolas en el cuerpo, aprendiendo a mantenerse en un estado neutro (ni demasiado alegre, ni demasiado triste) para ser aceptado.

La herida que crea el trauma de injusticia es la **dificultad en establecer patrones relacionales saludables**. Aparece una falta de empatía para escuchar las necesidades de los demás y aprende a relacionarse desde un lugar directivo, frío y autoritario, en el que no fluye la comunicación. Tampoco se siente comprendido, pero, como no sabe comunicar lo que siente y desea, acaba centrándose más en lo que debe hacer que en atender sus propias necesidades.

Las emociones que quedan reprimidas en el cuerpo son el **enfado y la ira**. La injusticia que ha ido reprimiendo le ancla y acaba perturbando su vida diaria y sus relaciones.

Cuando sufrimos esta herida, adoptamos un **mecanismo de defensa rígido** que nos protege del exterior para crear una seguridad interna.

Energéticamente está relacionado con:

- **Chakra del plexo solar:** las experiencias de injusticia pueden minar la confianza en una misma y la sensación de control sobre la propia vida. Cuando este chakra está desequilibrado o bloqueado, puede surgir un sentimiento de impotencia, ira reprimida y dificultades en la afirmación personal.

- **Chakra de la garganta:** aquellas experiencias infantiles donde no se escuchan o valoran las necesidades y emociones propias pueden afectar a la capacidad de expresarse libremente y comunicar de manera efectiva los propios pensamientos y sentimientos. Un bloqueo en este chakra puede manifestarse en dificultades para hablar abiertamente, expresar opiniones o emociones, o en un comportamiento comunicativo rígido y autoritario.

Algunas preguntas para reflexionar:

- ¿Recuerdas momentos en tu infancia en los que sentiste que tus necesidades y emociones eran ignoradas o desvalorizadas por tus padres o figuras de autoridad?

- Reflexiona sobre las reglas y restricciones que tenías en casa cuando eras niña. ¿Sentías que eran justas y respetaban tus necesidades, o más bien te parecían arbitrarias y opresivas?

- ¿Tendías a reprimir tus emociones en la infancia para cumplir con las expectativas de otros?

- ¿Te resulta difícil expresar tus emociones, especialmente el enfado o la ira?

- ¿Cómo describirías tu estilo de comunicación en tus relaciones? ¿Te encuentras a menudo asumiendo un rol directivo o autoritario, o te cuesta escuchar y responder a las necesidades de los demás?

- ¿Te encuentras a menudo enfocada en lo que debes hacer en lugar de lo que realmente deseas o necesitas?

(3) Me dijiste que me amas, pero me traicionas

En una entrevista le preguntaron a Justin Timberlake, el cantante y actor estadounidense, sobre su infancia y el divorcio de sus padres, quienes se volvieron a casar con otras parejas. El cantante de *Cry me a river* (una interesante canción sobre la traición) reveló: «Sí, mis padres se divorciaron cuando tenía dos años. Hoy en día, me doy cuenta de que tengo problemas por aquello que viví».

La traición es lo opuesto a la lealtad. La lealtad es un principio de fidelidad y compromiso constante hacia alguien con quien se genera un vínculo de verdadera confianza. Sin embargo, el trauma de traición se forma como resultado de una falta de lealtad percibida que rompe la confianza y que se suele establecer con el progenitor que tiene la energía opuesta. Es decir, si es un niño con energía masculina o Yang, se da con más facilidad con el progenitor que tiene energía femenina o Yin, o viceversa. Suele establecerse entre los dos y los cuatro años, que es cuando se desarrolla la energía sexual. El niño se siente traicionado cada vez que no se cumple una promesa o cuando se traiciona su confianza, aunque en realidad puede formarse incluso si no ha habido una falta de confianza directa, pero sí la percepción interna de que ha sido así por otras situaciones, como el sentimiento de ser dejado de lado por la llegada de otro hijo o que un progenitor tenga una nueva pareja tras una separación.

La emoción que queda reprimida en el cuerpo aquí es el **miedo a ser traicionado** por los demás y **perder el control**, pero también está guiado por la **ira y la agresividad**. Cuando se siente traicionado, expulsa una profunda ira, que puede llegar a ser violenta.

Cuando sufrimos esta herida adoptamos **un mecanismo de defensa controlador** para protegernos. Como es doloroso aceptar cualquier forma de traición, hacemos todo lo posible para controlarnos a nosotras mismas y a los demás, y nos convertimos en alguien altamente responsable, fuerte, especial e importante en quien se puede confiar, aunque con dificultades para conectar con el momento presente y vivir las experiencias de la vida con espontaneidad y disfrute.

Energéticamente está relacionado con:

- **Chakra del corazón:** la traición afecta profundamente a este chakra porque rompe la confianza y el sentido de seguridad emocional. Una traición percibida, especialmente en relaciones cercanas durante la infancia, puede llevar a dificultades en la capacidad de confiar y abrirse emocionalmente en las relaciones. Entonces hay desconfianza y cuesta más formar vínculos emocionales profundos, aparece miedo a la intimidad o a ser herida de nuevo.

- **Chakra de la garganta:** cuando se da un patrón de no poder expresar abiertamente los sentimientos de traición o confrontar a quien traiciona, este chakra puede desequilibrarse. Puede manifestarse en dificultades para expresar los propios pensamientos y emociones, así como en reprimir palabras o sentimientos por miedo a las consecuencias o a más traiciones.

Algunas preguntas para reflexionar:

- ¿Recuerdas momentos en tu infancia en los que sentiste que se rompía tu confianza o se traicionaban tus expectativas?

- Piensa en cómo reaccionas ante promesas incumplidas o situaciones donde sientes que tu confianza ha sido traicionada. ¿Tienes una respuesta emocional intensa, como ira o miedo, en estas situaciones?

- ¿Sientes que a menudo debes protegerte contra posibles traiciones? ¿Adoptas comportamientos controladores en tus relaciones para evitar sentirte traicionada?

- ¿Te consideras una persona excesivamente responsable o controladora?

- ¿Tienes dificultades para confiar en los demás o temes constantemente ser traicionada?

(4) El dolor de ser rechazado

En el número 4 de Privet Drive, una calle del suburbio de Little Whinging, en Surrey, vivía el huérfano Harry Potter con sus tíos, los Dursley. Harry dormía en un pequeño armario debajo de las escaleras, un espacio oscuro y descuidado, mientras sufría el rechazo diario de sus tíos, que lo ridiculizaban y lo trataban de forma cruel, hasta el punto de que preferían no llamarlo por su nombre y se referían a él como «ese niño».

Cualquiera que haya leído la saga de J. K. Rowling comprende el profundo rechazo que el famoso aprendiz de mago tuvo que sufrir por parte de sus tíos.

El trauma de rechazo es el que se crea cuando en la infancia tenemos la vivencia interna de ser rechazadas por los demás. Es la sensación de que nuestra presencia no es deseada. Es sentir que el otro nos desprecia, denigra o margina, que no nos aprecia ni nos tiene en consideración, como si no pudiera mirarnos o negase nuestra existencia. Hay un sentimiento profundo, una percepción interna de soledad, de no recibir atención alguna de los padres o adultos de referencia.

Este trauma es muy profundo y suele crearse en las etapas tempranas de la vida, entre la concepción y los dos años, aunque también puede establecerse más tarde. A menudo está relacionado con la energía del progenitor que comparte la misma energía Yin o Yang. La persona crece aprendiendo a conformarse y a adaptarse a las expectativas de los demás para obtener su atención y mirada, por lo que acaba **escondiendo su propia autenticidad** y adopta una identidad alejada de sí misma que sea validada y apreciada por los demás.

La emoción que queda reprimida en el cuerpo de forma muy profunda es la **soledad**.

Cuando sufrimos esta herida adoptamos **un mecanismo de defensa de evitación o huida**. La huida ayuda a no estar en contacto con los demás para no ser rechazada de nuevo. Aunque esta huida también puede ser hacia dentro, hacia una misma.

Energéticamente puede afectar y debilitar a todos nuestros chakras:

- **Chakra raíz**. La persona puede tener la sensación de no merecer existir y se crea una coraza a su alrededor que le da sensación de seguridad huyendo del exterior. Esta protección extrema agota su energía y puede sentir un bloqueo permanente en este chakra.

- **Chakra del sacro**. Puede sentirse indigna de vivir cosas bonitas y placenteras, negándose a descubrirse y a conocerse y a nutrir emociones positivas o simplemente sentirlas. Siente que no merece sentir la alegría, la felicidad y el amor, las encierra en el cuerpo sin expresarlas, por lo que puede parecer una persona fría e insensible, lo que crea grandes tensiones internas.

- **Chakra del plexo solar**. Rechaza su propio potencial y poder personal, no cree en sí misma. Rechaza sus pensamientos e ideas, considera que su perspectiva no tiene valor y no confía en lo que puede aportar, sintiendo que lo que tiene que decir no es interesante ni constructivo, por lo que autosabotea sus propias ideas o acaba desarrollando el síndrome de la impostora.

- **Chakra del corazón**. Rechaza y huye del amor. Siente que no puede ser amada ni amar a los demás de una manera sana y acaba encerrándose en patrones relacionales tóxicos o evitativos, pensando que solo merece eso. Rechaza y autosabotea sus relaciones porque cree que lo merece o bien por miedo a ser rechazada, y acaba alejando a las personas con las que podría tener relaciones saludables. También siente que no pertenece a ningún grupo social, los evita por ese miedo al rechazo y se convence de que no le convienen, en un intento de aislarse para no sufrir. En general, las relaciones de todo tipo le resultan muy difíciles de gestionar.

- **Chakra de la garganta**. La comunicación auténtica es muy difícil, llegando a tener miedo de comunicarse consigo misma y con los demás en cosas tan simples como mantener conversaciones, dar el primer paso o interesarse por los demás. Las relaciones con el exterior le dan miedo y tiene dificultades para expresarse por miedo a ser rechazada.

- **Chakra del tercer ojo**. Se rechaza a sí misma y tiene grandes dificultades para escuchar sus sentimientos y su intuición. Como le cuesta aceptarse, se apega a la mente y le cuesta escuchar más allá de las reglas fijas de esta.

- **Chakra de la corona**. Tiene grandes dificultades para conectarse con su propósito de vida y tomar consciencia de su esencia espiritual. Siente que no puede confiar en el mundo exterior porque es peligroso y tiene que protegerse de todo.

Algunas preguntas para reflexionar:

- ¿Recuerdas momentos en tu infancia en los que sentiste que eras rechazada o ignorada?

- ¿Experimentaste sentimientos de soledad o la sensación de ser marginada en tu familia o grupo social?

- ¿Tiendes a adoptar comportamientos de evitación o huida en tus relaciones actuales?

- ¿Sientes que a menudo muestras una personalidad que crees que será más aceptada por los demás?

- ¿Te sientes sola a menudo, aunque estés rodeada de gente?

- ¿Buscas constantemente la aprobación o el reconocimiento de los demás para sentirte valorada?

(5) ¿Por qué me abandonas?

«Yo bebía unos dos litros de vodka y entre siete y ocho cervezas cada día. Y fue así durante unos tres años, solo Dios sabe cómo logré sobrevivir. Lo más amable que pude hacer por mi hija fue asegurarme de que nunca me viera en ese estado», confesó Mark Evans, el padre de una de las voces femeninas más espectaculares y reconocibles de la música contemporánea, Adele. La cantante británica ha expresado en varios medios que el abandono de su padre debido a su alcoholismo, cuando apenas tenía tres años, le hizo mucho daño tanto a ella como a su madre, y que sufrió mucho por su falta de presencia y apoyo durante toda su vida.

El trauma de abandono se crea a raíz de una carencia, ya sea una falta de seguridad interna o externa, emocional y/o física. Puede revelarse alrededor de los tres años, aunque puede establecerse más tarde, y suele estar relacionada con la relación del niño con el progenitor de la energía opuesta.

A los tres años, el niño ya tiene un lenguaje funcional y comienza a socializar más. En esta etapa empieza a expresar mejor sus emociones negativas y empieza a desarrollar estrategias para calmarse. Durante esta etapa, cualquier situación que el niño perciba como una separación o una despedida puede ser vivida como un abandono. Esto incluye experiencias de frustración, que son sentidas intensamente como momentos de sufrimiento y desesperación, lo que acaba desarrollando una sensación persistente de **inseguridad y falta de autoestima**.

La emoción primaria que queda reprimida en el cuerpo es la **frustración**. Esta frustración puede manifestarse en una constante sobrevaloración de los demás, comparándose negativamente y viendo a los demás como seres excepcionales, mientras que una misma se percibe como insuficiente.

Cuando sufrimos esta herida adoptamos **un mecanismo de defensa de dependencia** y aparece una necesidad constante de ayuda o presencia externa para las actividades cotidianas. Esa dependencia puede ser física, psicológica o conductual. Por ejemplo, puede ser una dependencia afectiva, laboral (adicción al trabajo), hacia sustancias (como el azúcar, el tabaco, el alcohol, los medicamentos o las drogas), o incluso hacia la constante necesidad de estar en eventos sociales para no sentirse sola... Todo esto se busca para anestesiar el dolor y proporcionar una sensación temporal de seguridad.

Además, el autosabotaje también puede estar muy presente, donde la felicidad puede parecer insegura y, por falta de autoestima, se puede autosabotear. Por ejemplo, puede ser una dependencia afectiva y crear patrones relacionales tóxicos donde se superan las propias necesidades y límites para estar con personas aunque la relación no sea positiva, ya que lo importante es la presencia de esa persona más que la calidad de la relación.

Energéticamente, esta herida puede afectar y debilitar a todos nuestros chakras:

- **Chakra raíz:** la sensación de abandono debilita la seguridad interna, generando dependencia y miedo a la soledad, lo que agota nuestra energía vital.

- **Chakra del sacro:** se crea la necesidad de permanecer en una zona de confort segura, lo que puede alterar la percepción y la gestión de las emociones.

- **Chakra del plexo solar:** se establecen creencias limitantes, baja autoestima y una constante hipervigilancia, lo que afecta a la confianza en una misma y a la percepción de valía personal.

- **Chakra del corazón:** se idealizan relaciones, olvidando las necesidades personales y creando una dependencia afectiva.

- **Chakra de la garganta:** puede haber dificultades para expresar las verdaderas necesidades o deseos, tendiendo a complacer a otros o usar la comunicación para mantener a las personas cerca, evitando así la soledad.

- **Chakra del tercer ojo:** se puede distorsionar la intuición y la visión auténtica, sobre todo en las relaciones, evitando o criticando a aquellos que reflejan nuestras propias inseguridades.

- **Chakra de la coronilla:** puede haber un intento de controlarlo todo por miedo a la inseguridad, dificultando la capacidad de desapegarse y ver las situaciones desde una perspectiva más elevada o espiritual.

Algunas preguntas para reflexionar:

- ¿Recuerdas situaciones en tu infancia en las que te sentiste abandonada o insegura, ya sea emocional o físicamente?

- Piensa en cómo reaccionas ante situaciones de separación o despedida, incluso en tu vida adulta. ¿Estas situaciones te generan ansiedad o miedo a la soledad?

- ¿Tienes tendencia a sentirte intensamente frustrada?

- ¿Sueles compararte con los demás y sentirte inferior?

- ¿Cuáles son tus dependencias o adicciones? ¿Son un mecanismo para evitar el dolor o la soledad?

- ¿Tienes tendencia a complacer a los demás por miedo a ser rechazada o abandonada?

A continuación, encontrarás una tabla resumen con la información de todos los traumas de desarrollo:

TRAUMA	HERIDA	EMOCIÓN REPRIMIDA	MECANISMO DE DEFENSA	CHAKRAS MÁS AFECTADOS
HUMILLACIÓN	Falta de amor propio	Vergüenza y culpa	Masoquismo y autosabotaje	Chakras del sacro y del plexo solar
INJUSTICIA	Dificultad para establecer patrones emocionales saludables	Enfado e ira	Rigidez y autoritarismo	Chakras del plexo solar y de la garganta
TRAICIÓN	Falta de confianza	Miedo a ser traicionada y a perder el control	Control	Chakras del corazón y de la garganta
RECHAZO	Evita su propia autenticidad	Soledad	Evitación o huida	Todos los chakras
ABANDONO	Inseguridad y falta de autoestima	Frustración	Dependencia	Todos los chakras

- De todas estos traumas de desarrollo, ¿cuál o cuáles resuenan más contigo? ¿Hay alguno en el que te hayas sentido especialmente identificada o que te haya generado una respuesta emocional más intensa o significativa?

- ¿Qué herida sientes que necesita más atención y sanación en este momento de tu vida?

Las siete generaciones antes que tú y el legado kármico

Para empezar, te recuerdo que todos venimos al mundo con heridas que debemos aprender a aceptar. Se han ido desarrollando a lo largo de las numerosas encarnaciones y, en función de cuál sea nuestro plan de vida, algunas nos harán sufrir más que otras.

Lise Bearbeau

«Nuestras vidas no nos pertenecen, estamos unidos a otros. En el pasado y en el presente. Y con cada crimen, con cada gesto amable, forjamos nuestro futuro»…, dice una voz en *off* en el tráiler oficial de la película *Cloud Atlas*, protagonizada por Tom Hanks y Halle Berry. Una película que no solo me gusta porque tiene escenas rodadas en algunos de mis rincones favoritos en mi hogar en Mallorca, sino por cómo ilustra (con un primado negativo exquisito) el efecto de cómo nuestras acciones resuenan a través del tiempo, tratando el complejo tema del karma y las reencarnaciones.

Las heridas de la infancia también tienen que ver con el karma. El karma viene a ser el principio de causa-efecto, una de las siete leyes herméticas que Hermes Trismegisto desarrolla en *El Kybalion* y que exponen la naturaleza de la realidad. Esta ley explica que cada acción tiene una reacción o consecuencia. Solo que en las tradiciones milenarias del hinduismo y el budismo, lo definen con el concepto de *karma*, por el cual cada acción buena o mala (causa) tiene una consecuencia (efecto) correspondiente, ya sea en esta vida o en las sucesivas.

Podemos hablar de dos tipos de karma que nos afectan en esta vida actual:

EL KARMA PERSONAL

El karma personal se refiere a las acciones y sus consecuencias que una persona acumula a lo largo de su vida. Estas acciones pueden influir en las experiencias y circunstancias actuales y futuras de esa persona. Pero también puede haber una herida kármica proveniente de otras vidas pasadas, situaciones que el alma continúa encarnando para intentar superar y liberar.

EL KARMA TRANSGENERACIONAL

El karma familiar o transgeneracional es una memoria muy pesada que se transmite de generación en generación. Las acciones y experiencias de los antepasados de una persona, de hasta siete generaciones anteriores, pueden influir en las vidas de sus descendientes ya que comparten un mismo egregor de energías (que puede ser positivo o negativo). Un egregor es una forma de pensamiento colectiva que se crea a partir de las creencias y la energía de un grupo de personas.

Un egregor tiene su propia consciencia y busca ser alimentado y mantenido por los pensamientos y las emociones comunes de sus miembros. Por tanto, no solo recibimos en el ADN los rasgos físicos de nuestros ancestros, sino que también recibimos el karma transgeneracional, que además transmitimos hasta las siete generaciones venideras.

Recuerda esto:

Las heridas no sanadas de nuestros antepasados se transmiten en forma de memorias de generación en generación para ser liberadas. Pero también se transmiten memorias positivas, como su fuerza, sabiduría, talentos, capacidades y aprendizajes, que quedan registrados en nuestro cuerpo energético desde que encarnamos en esta experiencia de vida. Por ello, comprender nuestro papel en el sistema familiar es nuestra responsabilidad.

¿Cómo se puede transmitir el karma familiar?

Desde la psicogenealogía, que desarrolló la psicoterapeuta Anne Ancelin Schützenberger, se ha descrito ampliamente que el karma transgeneracional se puede transmitir de diferentes maneras:

- Durante el embarazo:

  Aproximadamente en el tercer trimestre de gestación, el feto recibe el karma familiar que porta la madre, es decir, recibe la impronta energética de los recuerdos, los miedos, las experiencias y las emociones negativas que la madre tiene registrada en su cuerpo energético porque no ha podido liberar o tomar consciencia de ello.

• A través del nombre:

Los nombres pueden llevar consigo patrones emocionales, destinos y expectativas asociadas a los ancestros que los llevaban anteriormente. Si tienes el mismo nombre de algún antepasado, esa energía (ya sea positiva o negativa) te acompaña en tus experiencias de vida. En todo caso, al llevarlo a la consciencia, puedes decidir qué hacer con esa memoria transgeneracional, si repetir el mismo patrón de tu ancestro o liberarlo (esto lo veremos en el próximo capítulo, en el que ya comenzaremos a trabajar con prácticas y herramientas específicas de sanación).

• Por las proyecciones familiares de los padres:

Los padres, como ya hemos visto anteriormente, pueden proyectar de forma inconsciente sus propias expectativas, problemas, deseos o traumas no resueltos en sus hijos. Algo que ocurre ya desde el propio embarazo y durante toda la infancia. Estas proyecciones transmitidas por los padres también son memorias transgeneracionales. A veces, los padres tienen incluso que hacer un verdadero duelo por el «hijo imaginario» que habían proyectado en su mente desde el embarazo, porque difiere del hijo real que han tenido. Por ejemplo: una madre puede desear o imaginar que su bebé sea niña, con ojos verdes, con dotes artísticas, de carácter tranquilo, etc. Pero luego ha dado a luz a un varón que no cumple con las expectativas proyectadas. Incluso puede transmitirse una expectativa que sea una memoria transgeneracional que provenga del clan familiar, por ejemplo: «Todos los niños de la familia son altos y fuertes y buenos para el deporte».

• Por la comunicación verbal y no verbal:

Las palabras y los mensajes que se transmiten (o se omiten) dentro de la familia pueden tener un impacto profundo en mantener el egregor del karma familiar. Además, las memorias transgeneracionales se pueden transmitir a través de patrones de lenguaje no verbal, es decir, a través de las reacciones, la forma de expresar las emociones o su manera de comportarse. Por eso es tan habitual que en la familia se oigan comentarios como «es tan frío y negativo como el abuelo, tiene su mismo carácter», porque son memorias que se van transmitiendo a través del árbol familiar y que, si no se hacen conscientes, acaban condicionando a la persona sin que se dé cuenta.

- Por el síndrome del aniversario:

Esto es cuando se repiten de forma inconsciente eventos o patrones emocionales en fechas significativas, que pueden estar relacionadas con eventos traumáticos del pasado familiar. En la familia de mi marido, el bisabuelo materno murió asesinado tras la Guerra Civil, dejando a su joven esposa sola con un hijo muy pequeño y sin recursos económicos. Desde aquel suceso trágico, han nacido hasta siete personas en la familia alrededor de la misma fecha del suceso, con una diferencia no mayor de cinco días. También recuerdo otra familia en la que los tres hijos, de diferentes edades, compartían el mismo día de nacimiento exacto. Cuando suceden estas coincidencias en la fecha o en la época del año, existe una memoria transgeneracional que se está transmitiendo.

- Por la lealtad familiar:

A menudo, los miembros de una familia pueden tomar decisiones o adoptar comportamientos basados en una lealtad inconsciente a patrones familiares, incluso si estos son perjudiciales para ellos. Es cuando hay un sentir interno en el que te sientes obligada a continuar con la tradición familiar, aunque sea negativa. Por ejemplo, en tu familia todas las mujeres se casan y tienen hijos. Quizá tu deseo genuino es que quieres viajar por el mundo y no tener hijos, sin embargo acabas casándote y buscando el embarazo, por una lealtad familiar inconsciente.

- Los secretos:

> Las cosas ocultas y los secretos familiares son también recuerdos transgeneracionales. Son cargas que se transmiten e influyen en las generaciones descendientes en sus vidas. Por ejemplo, en el pasado alguien de la familia cometió un delito violento que se ocultó sin resolverse. Puede ser que esa memoria se transmita de dos maneras: de forma negativa, a través de reacciones de ira, agresividad, violencia interna; o bien de forma positiva y la persona que hereda esa memoria tiene un interés genuino en ayudar a personas que son víctimas de delitos y trabaja en una asociación sin ánimo de lucro. Cuando sentimos una fuerza interior que nos impulsa hacia una dirección u otra, tenemos que indagar y cuestionarnos si puede haber una memoria transgeneracional que nos esté dirigiendo hacia allí sin que nos demos cuenta. Al tomar consciencia de ello, podemos decidir si va a nuestro favor y nos interesa mantenerla o nos conviene sanarla y liberarla desde nuestro libre albedrío.

El karma familiar es un legado que no es una energía que se mantiene fija, está en constante evolución, y eso quiere decir que puede ser modificada por los descendientes en función de sus acciones, de su propia vida y de su libre albedrío. Cuanto más aprendemos a conocernos, más conscientes somos, y cuanto más tomamos decisiones en base a nuestras propias necesidades y límites, más liberamos el karma familiar.

Cómo descubrir la verdad

Uno de los métodos más conocidos y útiles para trabajar las memorias transgeneracionales, así como comprender las dinámicas familiares y las repeticiones de patrones, es el **genograma**. Es una técnica que consiste en dibujar un diagrama de tu árbol genealógico, de al menos las tres generaciones previas a ti, para visualizar y comprender la historia de tu familia y cómo te puede estar influyendo. En él escribes los nombres, los vínculos y las fechas de los eventos importantes.

Mira este ejemplo:

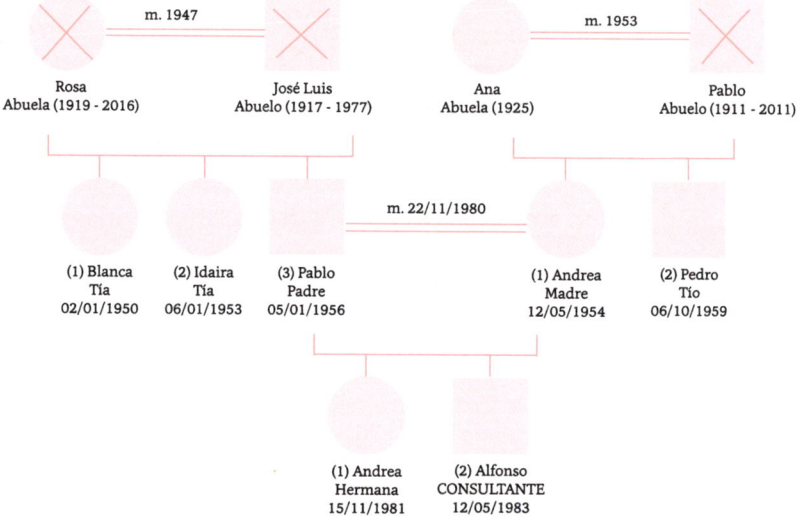

GENOGRAMA
Familia Torres - Gil

Esta es la simbología e indicaciones que se suele usar para representar el genograma:

- Un círculo representa una persona femenina.

- Un cuadrado representa una persona masculina.

- Una doble línea significa matrimonio.

- Una línea simple representa una unión de hecho.

- Una línea oblicua significa separación.

- Una doble línea oblicua significa divorcio.

- Las uniones sucesivas se enumeran.

- El parentesco se indica mediante una línea vertical.

- El orden de los hijos entre hermanos se indica con un número. Los gemelos están conectados por una línea horizontal. El vínculo de filiación con línea discontinua hace referencia a la adopción de un niño. Un círculo o cuadrado punteado indica un aborto espontáneo.

- Una cruz indica que la persona ha fallecido.

Espacio de exploración interna

Dibuja ahora tu propio genograma para comprender mejor tus raíces y cómo estas influencias familiares te han podido afectar en tu vida y en tu comportamiento.

Comienza recopilando nombres, fechas importantes (nacimientos, matrimonios, divorcios, defunciones) y relaciones clave de tu familia. Observa también patrones como enfermedades, comportamientos o eventos significativos. Esto puede revelar tendencias o patrones transgeneracionales que te afectan, y tomar consciencia de ello es el primer paso para poder liberarlo si no te conviene.

Tus emociones hablan de tu infancia, no de ti

No hay fuerzas externas que alteren necesariamente tus emociones, por mucho que lo parezca.
Naval Ravikant

Hace un tiempo publiqué una frase propia en mi cuenta de Instagram que en pocas horas acumuló miles de *likes* y se compartió como la pólvora. Una frase que ofrece una comprensión de algo que nos ocurre a todas las personas. La frase decía: «La intensidad de tus emociones es un indicador de cuán ancladas y profundas son. Tus emociones siempre son tus maestras».

Según distintas publicaciones y medios, cada día una persona adulta tiene de promedio alrededor de 50 000 a 70 000 pensamientos (entre conscientes e inconscientes), de los cuales el 80 % pueden ser negativos, y hasta el 95 %, repetitivos y automáticos.

Estos pensamientos automáticos, especialmente los que son negativos, están arraigados en memorias emocionales de nuestra infancia, que han acabado creando grandes creencias desde las cuales hemos aprendido a comprender y mirar el mundo.

Por ejemplo, si de pequeña sufriste un trauma de rechazo y has crecido en un entorno donde te sentías constantemente criticada, es probable que hayas desarrollado una tendencia a tener pensamientos automáticos negativos sobre tu propia valía. Cuando se dispara ese pensamiento, se produce una respuesta emocional o química que será tan intensa como la vivencia interna que tuvo tu niña interior al registrar esa creencia y, a su vez, tu mente comenzará a generar más pensamientos que estén de acuerdo con tal estado de ánimo. Y así es como las creencias nacen y se refuerzan.

Nuestras creencias están formadas por los pensamientos que seguimos pensando, pero el problema es que nuestra niña interior está más dispuesta a aceptar la validez de los pensamientos negativos, porque conectan con experiencias que ya conoce y le dan sentido. Así, nos convertimos en especialistas de emociones negativas de diferente intensidad y las toleramos como si nada. Es el lenguaje emocional que más dominamos, el que más nos hace reaccionar y en el que **la emoción básica que se esconde detrás siempre es el miedo.**

Lo he comprobado muchas veces en consulta. Si le hablas a una persona del amor, de la alegría, de la paz, intentando explicarle que ella es amor, que debe conectar con ese estado de unión para transformar su vida y la de sus hijos, la mayoría de veces no me entienden o no toman acción. Pero si por el contrario escuchan algo así: «O cambias esto o tu hijo va a tener un problema grave que le afectará para toda la vida», entonces desde ahí, desde el miedo y la culpa, enseguida reaccionan. Esto es así porque desde pequeñas hemos crecido en la frecuencia vibracional del miedo. Imposiciones, amenazas, castigos, culpas... Todo un lenguaje de dominación/sumisión que impera en el sistema y que todas conocemos bien, porque se ha quedado bien grabado en nuestra niña interior oculta, y en el inconsciente colectivo.

Cuando estudiaba psicología cursé una asignatura que me encantó: «Motivación y emoción», y una de las primeras cosas que aprendí es que existe una conexión directa entre el cuerpo y la emoción.

Hay muchos estudios que demuestran que si una persona hace los gestos faciales de sonreír, al cabo de un tiempo breve empieza a sentir la emoción de la alegría, y si hace los gestos de enfado o rabia, en un tiempo mucho más rápido empieza a sentir la emoción del enfado. Además, está comprobado científicamente que las emociones pueden cambiar la biología de nuestras células. Los trabajos de la Dra. Candace Pert, por ejemplo, muestran cómo las emociones negativas envían señales a nuestras células que interrumpen la regeneración celular, una demostración más de que las emociones están directamente relacionadas con el cuerpo que, a su vez, está conectado con la mente subconsciente (la niña interior).

Al igual que todos nuestros procesos físicos (respiración, circulación de la sangre, digestión...) son inconscientes, y no tenemos que pararnos a pensar cada vez que tomamos aire o que digerimos los alimentos, nuestros procesos emocionales dependen de nuestra niña interior, la guardiana de nuestros recuerdos.

Cuando nos enfadamos, gritamos, criticamos o castigamos, lo que nos sale es nuestra niña interior herida. Son nuestras carencias y necesidades que en su momento no fueron satisfechas (que probablemente nadie nombró) las que toman el control. Por eso a veces nos cuesta mucho saber identificar qué es lo que sentimos realmente o por qué nos sentimos así.

Las heridas de nuestra niña interior pueden ser tan dolorosas que acabamos permitiendo que sean nuestras consejeras, es decir, vivimos bajo el filtro de nuestra niña interior herida, que se deja llevar por las emociones negativas y nos atrapa en una zona de confort, que no es que sea confortable, pero sí que es un terreno familiar que nos aporta seguridad, aunque nos puede llevar a desarrollar mecanismos de funcionamiento muy negativos con nosotras mismas y con el exterior.

Asimismo, cuando puedes extasiarte ante una puesta de sol, reírte de un chiste malo, sentir una inmensa alegría al saltar las olas en la playa o experimentar una sensación de asombro al ver un animal inusual, es tu niña interior luminosa la que te permite disfrutar de estas pequeñas cosas, es la que tiene el poder de ayudarte a estar en la alegría interior desde la conexión con el momento presente y, desde ahí, desplegar tu fuerza creadora.

Quédate con estas ideas importantes:

- Todas las emociones nacen de la dualidad básica: amor - miedo. Y nos han enseñado a ser especialistas en el miedo, pero eres amor.
- Tus emociones negativas las controla tu niña interior herida.
- Tus emociones positivas las controla tu niña interior luminosa.

Por eso, el camino real hacia el ser y hacia la plenitud de desplegar quien eres en esencia se da a través de conectar y sanar a tu niña interior.

En el sistema patriarcal en el que vivimos, nos han hecho creer que la felicidad está en seguir una serie de pasos concretos (realizarnos profesionalmente, tener una pareja estable, hijos, una casa grande...), se nos ha enseñado a hipotecar nuestra felicidad dependiendo del exterior, pero tenlo muy claro, por favor: tu felicidad no depende del afuera ni de lo que consigues.

Tienes que ser muy consciente de esto:

La felicidad depende solo de una cosa:
de la conexión con tu niña interior.

Tu niña interior es la que te ayuda a sentir, a escuchar tus emociones, y te puede ayudar a crear nuevas creencias a partir de experimentar nuevas reacciones emocionales equilibradas y conectadas con el momento presente. Es tu motor, la que te revela a ti misma y puede crear tu propia felicidad.

Así que, para terminar este capítulo, te pregunto:

- ¿Estás dispuesta a tomar consciencia y explorar el camino hacia la sanación de tus heridas internas?

- ¿Estás dispuesta a tomar consciencia del canal de conexión con tu creatividad y felicidad, y liberar todo su potencial?

Deseo de corazón que hayas podido reconocer esas heridas del pasado que te están bloqueando y comprendas la relevancia de tu niña interior en tu vida, para que, así, puedas comenzar a hacer algo a tu favor. ¿Algo como qué? Como avanzar al capítulo siguiente, el más importante del libro.

Hablemos de cómo sanar y liberar tu verdadero potencial.

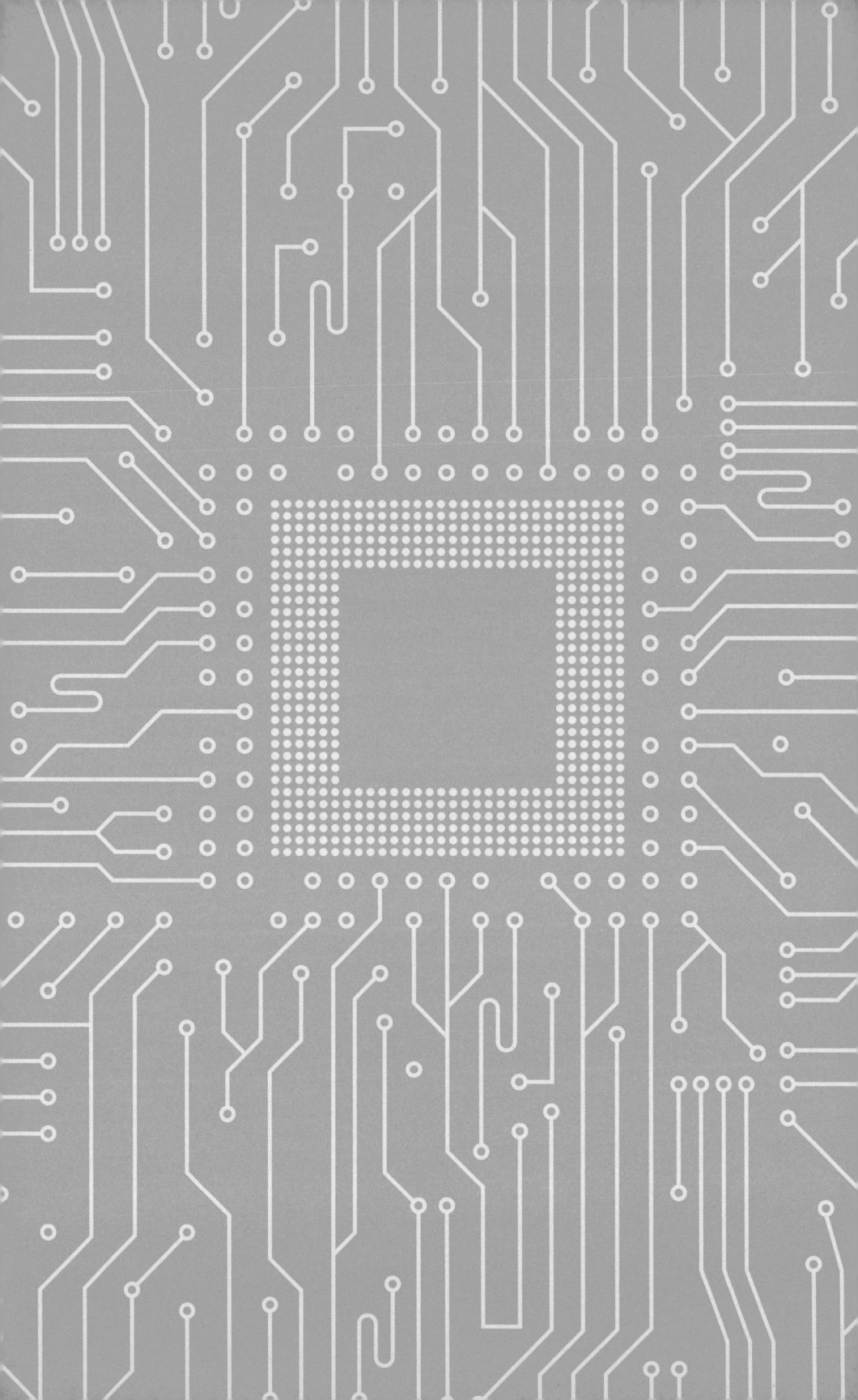

CUARTA PARTE: HACKEANDO EL PASADO

El proceso de sanación más potente que existe es gratis

Hay un poder inmenso en hacer una elección. En vez de sentirte afectado por todo, estar afectado por todas las cosas que te suceden... ¡decídete! Decide quién serás y cómo lo harás. Siento muy profundamente que somos quienes elegimos ser. Una de las grandes claves del éxito es el compromiso que adquirimos con nosotros mismos.

Will Smith

Recuerdo una víspera de Navidad de los noventa, cuando todavía era una niña y mis primas mayores me invitaron a ir al cine. Para mí, era un acontecimiento tan extraordinario que aún puedo sentir aquella emoción vibrante en la barriga al entrar en la gran sala de cine por primera vez. Mis primas dudaban, me decían que la película podría ser complicada de entender para mí. Pero te confieso que, en el momento en que vi a Sandra Bullock metida en esa trama fascinante de *hackers* informáticos y resolviendo enigmas en *The Net*, me abrió un mundo nuevo que estuve recreando durante días. Me entusiasmaba que alguien pudiera trabajar desde casa con un simple ordenador y que se pudiera borrar el pasado de una persona por completo con un par de códigos, cuando yo apenas había visto un ordenador de cerca en mi vida.

A los pocos meses de esto, estaba en casa merendando cuando un señor llamó a la puerta. Iba vestido con un traje oscuro y cargaba con un maletín de piel bien repleto de documentos. Preguntó por mi padre. Explicó que venía de parte de una empresa y que quería ofrecerle una oportunidad única y muy importante para mí. Mi padre, que es un hombre de pocas palabras, le dejó pasar, no muy convencido, y le escuchó en silencio durante largo rato. Aquel señor no paraba de hablar, sacó libros, revistas, papeles varios encima de la mesa, nos enseñó artículos con casos de éxito, jóvenes de todas partes del mundo que habían logrado altos ingresos gracias a estudiar informática. Entonces, con una sonrisa radiante y un bolígrafo dorado en la mano, le ofreció un curso de informática carísimo, pero que podría cambiar el rumbo de mi vida. Mi entusiasmo debió ser tan grande que mi padre, con su sueldo de operario y sin poder permitirse en absoluto aquel enorme gasto, me matriculó y pagó el curso a plazos.

El curso no resultó ser tan brillante, aunque debo reconocer que me dio unas buenas bases y mi primera oportunidad laboral con dieciséis años, pero sobre todo me permitió comprender aquello que decía Jack Devlin, el ciberterrorista de la película, cuando amenazaba: «Podemos hacer de la realidad lo que elijamos».

Solo que ahora, muchos años después, puedo afirmar con una certeza radical que esas palabras tienen otro sentido mucho más profundo que el meramente cibernético. Porque tú, al igual que yo, puedes crear y elegir tu realidad, solo que para ello tienes que aprender a vivir de forma consciente, desde tu centro integrado, ese que integra tus tres mentes: subconsciente (chakra del sacro), consciente (chakra del corazón) y supraconsciente (chakra del tercer ojo).

Cuando tus tres centros están alineados y trabajan en equipo, lo que en meditación holística definimos como «el corazón unificado», puedes lograr cualquier cosa, y no exagero, porque no hace falta, pero lo que voy a explicarte ahora puede cambiar el rumbo de tu vida.

Todo lo que hemos visto hasta llegar a este punto era solo para que te dieras cuenta de algo que ya sabías dentro de ti: cargas con una mochila que te está quitando energía y ganas de vivir, y necesitas empezar a vaciarla para eliminar todos los bloqueos que te impiden avanzar hacia donde tú quieres, desde esa unión interna.

Ahora, que ya has tomado consciencia y comprendido de un modo más profundo todo lo que tienes pendiente de sanar, lo cual era necesario para llegar hasta aquí, es el momento de vaciar tu mochila y voy a enseñarte cómo.

El proceso es sencillo y es gratis, puede hacerlo cualquier persona en cualquier momento. Ahora bien, el único requisito imprescindible es que requiere de tu compromiso y tu voluntad superior, esa que viene de la esencia.

Voy a mostrarte un proceso de autosanación con los pasos concretos que pueden llevarte a liberar tu verdadero potencial, pero si todo esto que vas a descubrir ahora simplemente lo lees y lo comprendes a nivel intelectual, no sirve absolutamente de nada si no tienes claro que después debes tomar acción, y ser coherente con lo que vas a leer aquí. Porque el método HACKEAR que voy a presentarte, por sí mismo, no hace milagros. Que estaría genial, y probablemente sería más rica que Bezos, pero el crecimiento personal no va así. Eso sería nublar tu poder y tu automaestría, y justamente este libro va de lo contrario.Va de enseñarte que eres digna y totalmente capaz de transformar tu mente, tus emociones y tu realidad en aquello que anhelas por dentro, a través de conectar y sanar a tu niña interior, que es quien tiene la llave para unificar tus tres centros de poder.

El método de autosanación HACKEAR lo he creado para facilitarte el recorrido. Es como un atajo ordenado e infalible que tiene siete pasos que pueden allanar mucho el camino hacia tu ser más integrado y en armonía con tu esencia, lo que hará que las cosas te vayan mucho mejor.

El término *hack* proviene del inglés y originalmente significaba *cortar* o *picar*, es un término que se trasladó a la jerga informática para describir ese proceso de desmontar y modificar un sistema de una manera ingeniosa para alterar su estructura original. Por eso los *hackers* son expertos en descomponer el código de los sistemas, optimizarlo y modificarlo según sus intereses. Aquí vamos a hacer lo mismo, pero en el ámbito personal. Te voy a enseñar a «hackear» tus narrativas internas y patrones emocionales condicionados desde tu infancia, para que puedas reconstruir tu percepción interna hacia un estado más auténtico y libre de conflictos que te limitan, lo que, de forma inevitable, desatará tus capacidades potenciales.

Este proceso holístico consta de siete pasos. El siete es un número mágico y poderoso. Es un código que da estructura y orden, está relacionado con la búsqueda de la verdad y el conocimiento interno. No es casualidad que siete sean los días que tiene la semana. O que tengamos siete chakras mayores. O que la escala musical tenga siete notas básicas. O que el arcoíris muestre una gama de siete colores. O que en las sagradas escrituras de varias religiones del mundo se especifique que el creador tardó siete días en crear el mundo.

En todo caso, este es el método de autosanación para reprogramar tu pasado y crear tu mejor futuro:

H / Honra a tu niña interior

A / Acoge el dolor, acepta sus carencias y heridas

C / Crea una nueva relación con tus emociones

K / Cambia y reprograma el pasado

E / Expiación

A / Automaternaje

R / Renueva y eleva tu frecuencia

Es conveniente que este proceso lo sigas poco a poco, pero con mucha consciencia. Si bien la secuencia de estos pasos no es fija y, según la persona, puede sufrir variaciones que no alterarán el resultado (incluso puede que algunos de estos pasos ya los estés llevando a la práctica en tu vida), sí que todos deben estar presentes para un trabajo de sanación y empoderamiento completo. Lo más importante es que no debes obviar ningún paso y que entiendas también que este proceso no se puede precipitar o acelerar. Es como cuidar una planta a la que le han faltado nutrientes y está débil: cuando te das cuenta de lo que le ocurre y empiezas a darle lo que necesita, la planta crece y se recupera a su propio ritmo. Por eso mismo, cada persona vive este proceso de manera diferente, es orgánico y no lineal.

Ahora bien, la consecuencia de estos siete pasos bien ejecutados, con foco e intención, es el autoconocimiento y la libertad. Tiene un valor incalculable. Así que presta atención y veamos cada paso.

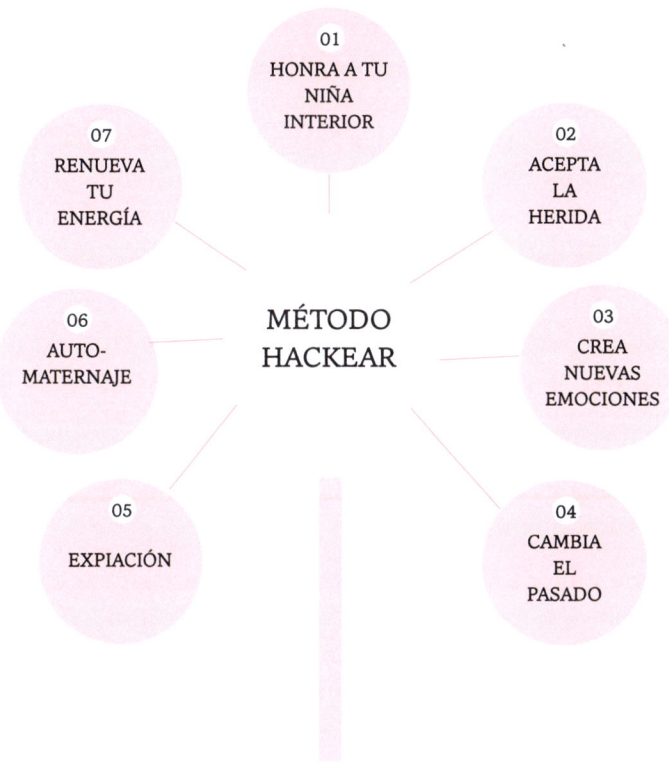

Honrar a tu niña interior no es opcional

Un gran hombre es aquel que no ha perdido su corazón de niño.
Mencio

Una vez atendí en consulta a una mujer, casada y madre de una niña de cuatro años, a la que voy a llamar Elena. Ella vino a verme por recomendación de la escuela porque no sabía cómo relacionarse y comunicarse mejor con su hija. Me contaba que la niña no le hacía caso, que estaba más apegada al padre que a ella, que no comía casi nada, que tenía muchas rabietas cuando estaba con ella... Y, bueno, que todo esto la superaba.

Elena, que parecía una mujer muy decidida y de carácter fuerte, trabajaba muchas horas en su propio gabinete como abogada y suponía que este era el problema, pero no podía permitirse reducir su horario de trabajo. Lo curioso es que cuando le pregunté si su hija le pedía dormir con ella por las noches, me contestó rápidamente que sí, que la niña lloraba y formaba un escándalo porque quería dormir con mamá. Pero también me dijo que, aunque le daba mucha pena, no la dejaba, porque todo el mundo le decía que era muy malo para la niña. Cuando le pregunté a quién se refería cuando decía «todo el mundo», Elena me contó que, bueno, que era su madre (es decir, la abuela de la niña) la que le decía que así la iba a malcriar.

Indagando un poco más, me explicó que su madre también le imponía y daba pautas sobre la comida, la ropa, y más cosas sobre la niña. Le pregunté entonces qué le decía su marido sobre estas intervenciones de la abuela. Y me reconoció, con cierto apuro, que la principal queja que tenía su marido era sobre lo mucho que se entrometía la abuela en su vida familiar.

Cuando una mujer adulta, independiente, capaz, exitosa en su trabajo..., sigue obedeciendo el mandato de su madre, aun a pesar de que vaya en contra de lo que siente ella misma, de lo que puedes estar segura es de que lo que tiene dentro es una niña interior muy herida. Una niña que sigue pendiente de los deseos de su mamá y hace lo posible por complacerla. Aunque eso suponga ir en contra de su propia verdad.

En el caso de Elena, ella misma se dio cuenta de que con su madre se seguía sintiendo como una niña pequeña indefensa y llegó a afirmar que le parecía imposible desobedecerla o ir en contra suya. Por ejemplo, ella y su marido no querían bautizar a la niña, pero lo hicieron porque era lo que quería la abuela.

Lo que había hecho Elena era, sin darse cuenta, mantener un mecanismo de funcionamiento de la infancia con tal de evitar el dolor del rechazo o del abandono de su madre. A medida que fue trabajando la conexión con su niña interior, pudo ir comprendiendo, liberando y sanando, y la relación con su propia hija mejoró como por arte de magia.

Tu niña interior puede estar muy herida y es posible que hayas aprendido a no conectar con ella para evitar el dolor, pero sea cual sea el nivel de desamparo, maltrato y carencia que hayas vivido en tu infancia, sea mucho o poco, no puedes olvidarte de tu niña interior. Porque si la olvidas, si no conectas con ella, ni la honras como merece, no podrás vivir desde tu verdadera esencia.

Si no acoges tu vulnerabilidad, si no pones límites a los demás respetando tu propio sentir, si no escuchas tus propios dones y deseos, si no disfrutas del placer de vivir cada instante en el momento presente, si no tomas decisiones libres y sigues pendiente de lo externo…, todo esto son indicadores muy claros de que te has olvidado de tu niña interior. Ella sigue pendiente de que la mires y la tengas en cuenta, y por eso seguirá interfiriendo en tu vida (y especialmente a través de la relación con tus hijos, si los tienes).

Por favor lee esto con mucha atención, porque es crucial:

*Para ser libre, tienes que aprender a escuchar
y a honrar a tu niña interior y a conectarte con ella.*

Para honrarla, cada vez que contactes con ella debes tratarla con reverencia, escuchándola, hablándola con palabras bonitas y reparadoras, apreciando su valía, celebrando sus habilidades, respetando sus decisiones, perdonando sus errores, y guiarla con seguridad y confianza para nutrir sus necesidades desde un lugar adulto de sabiduría interna.

Porque eso, y solo eso, es lo que te permitirá vivir...

- **Con un equilibrio emocional**, ya que aprendes a relacionarte mejor con todas tus emociones (las negativas y las positivas), y puedes interpretarlas y reaccionar ante las situaciones de la vida desde un lugar de sabiduría interior.

- **Integrando tu vulnerabilidad** para poder crecer y evolucionar. Necesitas poder conocerte a ti misma, a través de tus heridas y tus mecanismos de supervivencia. Es el punto de inicio para poder comprender y trascender todo aquello que te bloquea y no va a tu favor.

- **Con presencia**, porque tu niña interior (como todo niño pequeño) vive desde el presente, lo que te aporta mucha más energía, que hasta ahora malgastas en anclarte a las narrativas del pasado y del futuro, y vivir con mucha más apreciación todo lo que sucede en cada instante. Tu niña interior es la que te ayuda a encarnar el gozo y la alegría de vivir, aceptando los regalos de la vida con gratitud.

- **Desde una sensibilidad consciente**, dando acogida a tus necesidades y límites internos y externos, y siendo coherente con ello. Si no conectas con tu sentir interno y lo respetas, acabas agotando tu energía y tus recursos.

- **Con creatividad potenciada**, conectando con tu capacidad creadora, esa que impulsa tus ideas, objetivos, proyectos y sueños desde tu originalidad única, que te enciende por dentro y no te deja procrastinar. Para crear cualquier cosa que te propongas en tu vida, necesitas conectarte con tu niña interior.

- **Con vínculos más saludables**, sin aceptar más relaciones parche o relaciones tóxicas que buscan llenar vacíos, sino construyendo relaciones basadas en el respeto mutuo, la confianza y la autenticidad.

Entonces, ¿cómo puedes conectar con tu niña interior?

Desde una perspectiva holística, que es la que tiene más sentido y coherencia con el ser multidimensional que eres en esencia. Para conectar con tu niña interior debes involucrar, necesariamente, todos tus cuerpos (físico, mental, emocional y energético) de forma consciente. Todos los intentos que hagas a través de ejercicios o terapias varias que solo tengan en cuenta algunos de estos puntos son incompletos y menos efectivos. No quiero decir que no te puedan aportar, pero no consiguen lograr una sanación holística e integral.

La fórmula mágica que debes recordar para conectar con tu niña interior en cualquier momento tiene que incluir estos cuatro puntos:

- **Conectar con el cuerpo** a través de la respiración consciente o el movimiento.

- **Conectar con tu mente** a través de la meditación o la visualización creativa.

- **Conectar con tu esfera emocional** a través de la escucha interna de lo que sientes y permitir que fluya a través de ti sin juicios.

- **Conectar con tu cuerpo energético** a través del chakra del sacro y el chakra del corazón.

ENERGÍA

Armoniza chackra del sacro y del corazón

CUERPO

Respiración y movimiento

LA CONEXIÓN HOLÍSTICA CON TU NIÑA INTERIOR

Fluir con las emociones

EMOCIÓN

Meditación y visualización

MENTE

Estas cuatro claves son las más importantes. A partir de ahí, las combinaciones y posibilidades son muchas. Sin embargo, te muestro a continuación un **protocolo básico de conexión paso a paso**:

(1) Crea el espacio y conecta con tu cuerpo

Encuentra un momento para ti en un lugar tranquilo. Siempre recomiendo cerrar la puerta y encender una vela, para conectar a través de la llama de la vela con tu fuego espiritual (tu esencia) y crear un contenedor sagrado que potencie la experiencia. Esto lo puedes hacer físicamente o también imaginando que entras en un espacio de ritual donde enciendes esa vela (muy útil hacerlo así cuando te encuentras en lugares públicos, como por ejemplo en el metro).

Tu postura debe ser erguida, con la espalda recta, pero relajada y sin tensión. Pies en contacto con el suelo. Comienza con unas respiraciones conscientes. Puedes cerrar los ojos y llevar tu atención a tu respiración. Inhala profundamente por la nariz, llevando el aire hasta el fondo de tu vientre, haz una pausa al final de la inhalación y exhala despacio por la nariz. Continúa este patrón de 3 a 12 ciclos, enfocándote en cada inhalación y exhalación, procurando vaciar tu mente y solo centrarte en tu ritmo único de inhalación y exhalación.

> **Tip especial:** Si necesitas soltar tensiones, agobio y estrés acumulado del día, en las tres primeras respiraciones conscientes puedes exhalar por la boca con fuerza, incluso haciendo sonido con la garganta, para provocar un movimiento energético que desbloquee la energía densa y congestionada y la saque fuera.

Simplemente a través de la respiración, ese aliento de vida que describen en el yoga, puedes ya entrar en un estado de relajación y presencia suficiente para continuar, pero es muy recomendable potenciarlo con:

- **Ejercicio de enraizamiento:** visualiza un cordón etérico de energía que baja desde el centro de tu chakra del sacro (lo que viene a ser el centro del útero) y desciende hacia abajo atravesando las diversas capas y subcapas de la tierra. Simplemente al conectar con la Tierra comienzas a recibir la energía terrestre que sube en forma de espiral y va barriendo la energía sucia de tus centros energéticos y los armoniza. Puedes visualizar cómo esa energía limpia y pura sube por todo tu eje central, atravesando tus siete chakras mayores hasta la corona.

- **Conecta con el pulso cósmico:** al hacer las respiraciones conscientes, puedes intentar escuchar el latido de tu corazón, ese movimiento constante de contracción y expansión que está conectado con el latir del universo. Tu latido y tu respiración crean esa frecuencia de onda única e individual que te distingue entre todos los seres sintientes de la Tierra.

- **Movimiento consciente:** puedes practicar durante unos minutos algunas técnicas como danza consciente o yoga para aumentar tu consciencia corporal.

(2) Entra en ti y ve al encuentro de tu niña interior

Cuenta hasta tres y visualiza o imagina un lugar seguro y pacífico, quizá un espacio de naturaleza u otro lugar que percibes y sientes como un espacio protegido y en armonía. Visualiza a tu niña interior en ese lugar y siente su presencia. Observa qué te transmite, cómo está.

Puedes acercarte hacia ella y hablarle. Utiliza palabras amorosas y amables, por ejemplo: «Estoy aquí para ti, no estás sola», «Me alegra mucho estar contigo», «Eres un ser maravilloso y divino», «Quiero apoyarte, escucharte y entenderte siempre que me necesites, «Juntas podemos superar cualquier cosa», «Me encantas, eres hermosa, fuerte y capaz, y mereces toda la felicidad del mundo», «Te amo profundamente»...

Tip especial: puede resultar más fácil hacer este ejercicio de conexión con tu niña interior si antes has contemplado unos segundos una fotografía de tu infancia. Recomiendo siempre llevar algunas fotos en el móvil de cuando eras niña, como un pequeño álbum de vida, para tener presente a tu niña interior en tu día a día y facilitar el acceso a su energía.

También puedes usar un muñeco o peluche que represente a tu niña interior para fortalecer esta conexión. Al hablarle de forma amorosa y abrazarlo, estás interactuando con un símbolo que tu mente subconsciente comprende muy bien. Este muñeco debe ser nuevo y solo tuyo (que no sea de tus hijos, ni uno de cuando eras niña), para que simbolice esa versión renovada y saludable de tu niña interior radiante.

(3) Permite que fluyan las emociones

Escucha las emociones que surgen, sean las que sean, tanto en ti como en tu niña interior. Si sientes ganas de llorar, de reír, o cualquier otra emoción, déjala expresarse. Si tu niña interior muestra alguna emoción negativa, acógela con amor y más afirmaciones sanadoras. Si muestra alguna emoción positiva, acompáñala y en todo caso valida lo que siente.

Este proceso de expresión emocional es esencial en tu camino de sanación y conexión con tu niña interior para movilizar emociones acumuladas y reprimidas. Acepta y valida estas emociones, dejándolas fluir libremente. En el paso 3 del método HACKEAR aprenderás una manera más concreta y específica de hacer esto. Después de unos minutos, lleva gradualmente tu atención de vuelta al presente y abre los ojos.

(4) Armoniza y refuerza tu cuerpo energético

Para finalizar tu práctica de conexión, enfócate en equilibrar tu cuerpo energético, especialmente los centros energéticos más relacionados con tu niña interior: el chakra del sacro y el chakra del corazón.

Visualiza una luz blanca diamantina y sanadora en tu chakra del corazón, una luz en forma de esfera que emana de dentro hacia fuera con rayos luminosos. Siente cómo esta energía desciende, pasando por el chakra del plexo solar, hacia el chakra del sacro. Imagina que tu energía divina va limpiando y armonizando el chakra del sacro, fortaleciendo esa conexión emocional y creativa con tu niña interior. Una vez que estos dos chakras estén en armonía y equilibrados, permite que esta energía sanadora fluya hacia todos tus chakras, creando un equilibrio integral en todo tu ser.

Tip especial: Potencia la conexión con un ligero masaje en la zona del bajo vientre. Para ello, frota tus manos para calentarlas y utiliza algún aceite vegetal de masaje, que puedes reforzar con algún aceite esencial como el de mandarina, cuyo arquetipo energético está muy relacionado con la niña interior. (La proporción de aceite esencial sería una gota para cada mililitro de aceite vegetal). Haz movimientos en forma de infinito sobre tu vientre, repitiéndolos en doce ciclos con la intención de limpiar, armonizar y fortalecer este centro energético. Puedes hacer después lo mismo con el chakra del plexo solar, sobre todo si has experimentado emociones más densas y pesadas durante la práctica de conexión, lo que te ayudará a purificar este centro emocional.

Otras actividades que te ayudan a conectar con tu niña interior son las tareas manuales, cantar, bailar, actividades artísticas como pintar o dibujar, jugar juegos de la infancia, explorar la naturaleza, leer cuentos o libros que amabas de niña, y cualquier actividad que te haga sentir alegre y conectada con el momento presente. Son actividades que despiertan la creatividad, la imaginación y la alegría de vivir, elementos clave para nutrir y abrazar a tu niña interior.

Si quieres que te guíe en esta práctica de conexión con tu niña interior, he preparado un audio especial para ti que encontrarás aquí mismo:

Acepta lo que pasó
y mantén el ego a raya

Cuanto más idealizamos el pasado y nos negamos a reconocer los sufrimientos de nuestra infancia, más los transmitimos inconscientemente a la siguiente generación.
Alice Miller

Imagina esta frase en un gran panel luminoso de Times Square, a ver si consigo darle el énfasis que requiere: **reconocer y aceptar tu pasado es crucial para sanar a tu niña interior**.

Este proceso implica abrir la caja de Pandora y revisar las experiencias de tu infancia, incluso las que fueron dolorosas y difíciles. Ya has visto en el recorrido de este libro que este reconocimiento te permite identificar y poner consciencia en patrones de comportamiento y emocionales que se activan en tu vida adulta y te perjudican.

Es un proceso de indagación interna que ya has comenzado y que debes continuar, manteniéndote al acecho y observando si lo que te ocurre en tu día a día puede tener raíces en las experiencias de tu niña interior y si es ella la que está moviendo los hilos.

En mis talleres específicos de sanación de la niña interior, acompaño personalmente este proceso interno a través de todas las etapas de desarrollo. Sin embargo, para que puedas seguir profundizando en ello, te sugiero dos prácticas muy potentes que puedes aplicar cada vez que sientas que estás cayendo una y otra vez en comportamientos tóxicos o navegando en espirales de pensamientos negativos que sospechas que vienen de tu niña interior (de sus carencias o de sus heridas). Son herramientas que te ayudarán a elevarte, a comprenderte y a no dejarte llevar por el dolor oculto que controla tu ego.

(1) Práctica de alineamiento

Este es un ejercicio holístico que te guiará para aceptar y comprender las carencias de tu niña interior y te ayudará a alinearte con tu esencia a través de preguntas estratégicas (que funcionan como disparadores para tu mente subconsciente) y la escritura terapéutica. Una mano la tendrás en conexión con tu chakra del sacro y la otra irá recorriendo los otros chakras mayores durante el ejercicio.

Siéntate en un lugar tranquilo con un diario para anotar.

Después de haber realizado una conexión con tu niña interior, haz un par de respiraciones profundas. Coloca una mano sobre tu **chakra del sacro** y la otra mano sobre **tu chakra raíz**, cierra los ojos y pregúntate:

¿En qué aspectos de mi vida siento que me falta seguridad o estabilidad?
¿Qué puedo hacer para sentirme más enraizada y protegida?

A continuación, **escribe todos tus pensamientos y sentires**, todo lo que te venga, sin procurar juzgar ni comprender nada.

Cuando termines, **crea una activación reparadora** que pueda ayudarte a equilibrar este aspecto. Una activación es una afirmación corta y poderosa que encapsula una intención clave. Son poderosas porque la energía siempre va donde va la intención y, de ese modo, comienzas a enviar nuevos *inputs* a tu mente subconsciente. Por ejemplo:

Estoy segura, protegida y enraizada en mi ser.
Vivo el momento presente.
Asumo cada nuevo reto con confianza.

Ahora, coloca ambas manos sobre **tu chakra del sacro**, cierra los ojos y pregúntate:

¿Por qué me asusta confiar en mis emociones o sentirlas?
¿Qué puedo hacer para confiar en ellas, sean positivas o negativas?

De nuevo, escribe todo lo que sientas. Cuando termines, crea una activación reparadora. Por ejemplo:

Me permito sentir plenamente y experimentar la vida con confianza.
Mis emociones son mi motor.
Acepto los cambios de mi vida.

Sigue el mismo proceso con los demás chakras mayores en orden ascendente. A continuación, encontrarás la pregunta que actúa de disparador y las activaciones de ejemplo para cada uno de los chakras.

Chakra	Pregúntate y reflexiona en tu diario personal	Crea tu activación reparadora personal, como por ejemplo:
Raíz	¿En qué aspectos de mi vida siento que me falta seguridad o estabilidad? ¿Qué puedo hacer para sentirme más enraizada y protegida?	• *Estoy segura, protegida y enraizada en mi ser.* • *Vivo el momento presente.* • *Asumo cada nuevo reto con confianza.*
Sacro	¿Por qué me asusta confiar en mis emociones o sentirlas? ¿Qué puedo hacer para confiar en ellas, sean positivas o negativas?	• *Me permito sentir plenamente y experimentar la vida con confianza.* • *Mis emociones son mi motor.* • *Acepto los cambios de mi vida.*
Plexo solar	¿Por qué no me siento libre de actuar como deseo? ¿Qué acciones puedo implementar para actuar con total autonomía y libertad?	• *Irradio confianza y poder personal.* • *Tengo la fuerza para crear cambios positivos en mi vida.* • *Disfruto todo lo que hago.*
Corazón	¿Cómo son mis relaciones con los demás? Si no me satisfacen, ¿qué puedo cambiar?	• *Mi corazón está abierto al amor infinito.* • *Experimento armonía en mis relaciones.* • *Perdono con facilidad y me conecto con otros con compasión.*

Garganta	¿Es mi comunicación honesta y sincera? Si no lo es, ¿qué acciones puedo implementar?	*Me comunico con sinceridad.* *Soy una persona abierta con los demás.* *Soy una persona honesta conmigo misma y con los demás.*
Tercer ojo	¿Confío en mi ser esencial? Si no es así, ¿cómo puedo hacerlo?	*Escucho mi intuición.* *Estoy en conexión con mi propósito de vida.* *Puedo observar mi mente y liberarme de su control.*
Coronilla	¿Qué puedo hacer para abrirme más a la comprensión y el conocimiento universales? ¿Cómo puedo integrar mejor mi sabiduría?	*Estoy conectada con la consciencia universal.* *Entiendo y acepto mi propósito de vida.* *Vivo cada día con una consciencia divina y gratitud.*

(2) Diario de autobservación de las heridas

Cada vez que experimentas un dolor emocional por alguna situación de tu vida, estás en contacto con alguna herida de tu niña interior. Puedes poner luz y consciencia en ese dolor a través de un diario de autobservación en el que puedes registrar:

- Trata de identificar la herida que está expresándose (humillación, injusticia, traición, rechazo, abandono).

- En una escala del 0 al 10, califica la intensidad de ese dolor.

- Escribe los pensamientos o las reacciones que te provoca esta herida.

- Trata de transformar los pensamientos negativos por otros más positivos y constructivos.

- Intenta ver la situación desde una perspectiva más objetiva para entender mejor tus reacciones.

- Define acciones concretas para gestionar la situación de una forma más saludable.

A continuación, te presento un ejemplo práctico:

Ana es emprendedora y siente una profunda frustración. A pesar de sus esfuerzos, no logra alcanzar sus objetivos profesionales. Esto le lleva a sentir ansiedad y se aísla de los demás.

- Identifica la herida: Ana reconoce que su frustración está relacionada con una herida de abandono de su padre, que estuvo muy ausente en su infancia. Ana se siente poco valiosa, siente que sus esfuerzos no son tenidos en cuenta, que nadie la ve y no avanza en su negocio.

- Intensidad del dolor: 8/10.

- Pensamientos y sentires: Ana escribe «Nadie me valora. Simplemente paso desapercibida y no impacto con lo que hago. No importa cuánto me esfuerce, siempre estoy fracasando».

- Transformación de pensamientos: cambia sus pensamientos a «Lo que hago es valioso y una gran contribución para el mundo. Puedo lograr grandes cosas y llegar a las personas adecuadas».

- Acciones concretas: decide buscar un mentor y participar en un grupo de apoyo para emprendedores, creando un sistema que le permita lograr sus objetivos.

Crea una nueva relación con tus emociones

Cualquier dolor emocional que experimentes dejará un residuo de sufrimiento que permanecerá en ti. Este dolor acumulado es un campo de energía negativa que ocupa tu cuerpo y tu mente. El cuerpo de dolor está constituido por energía vital atrapada.

Eckhart Tolle

Una emoción es un motor interior que necesita moverse. Las emociones negativas, como la ira, la tristeza o la culpa, no son tus enemigas, son mensajeras que te ayudan a comprender tus necesidades y carencias registradas en tus memorias emocionales y a trascenderlas. Las emociones positivas, como la alegría, el entusiasmo o la paz, son fuentes de inspiración, que nutren tu energía creadora y tu motivación. La clave está en escuchar ambas, dejando que se expresen, para aprender de las negativas, dándoles una salida constructiva, y nutrirte de las positivas.

Cuando escuchas tus emociones, creas una nueva relación contigo misma, porque las emociones anclan pensamientos que influyen en nuestra realidad.

El método que utilizo para equilibrar y liberar emociones es el método DOPA.

Este método propio es de uso rápido para cualquier momento del día en el que estás sintiendo una emoción densa y necesitas liberarla. Lo he enseñado a miles de mujeres que han pasado por mis cursos y experiencias formativas y el *feedback* que me hacen llegar suele ser de mucha liberación y alivio cuando lo aplican. Es un proceso sencillo que te permite hacer un gesto interno de consciencia y de soltar para que esa energía densa no quede atrapada en el cuerpo.

Las siglas del método DOPA se refieren a:

D/ Detecto la emoción que siento, la reconozco, la expreso y la nombro.

O/ Observo qué quiere decirme esta emoción y qué trata de decirme mi niña interior.

P/ Acepto lo que hay y me perdono completa y amorosamente, y dejo, así, la culpa.

A/ Activo la frecuencia opuesta con el poder de las afirmaciones.

Cómo liberar una emoción
Método DOPA

(1) Detecta

Detente un momento, permítete detectar la emoción y ponle nombre, hazle saber que eres consciente de que está ahí, enviándote un mensaje.

Por ejemplo, cuando empieces a sentirte agobiada, cuando pierdas la paciencia, cuando des un grito... Ahí, para un instante y date cuenta de que estás transitando una emoción que viene de una memoria profunda. Puedes definirla incluso diciendo para ti: «Aquí estoy sintiendo...» y date permiso para expresarla a través de alguna acción ritual, ya sea pintando, gritando, escribiendo, saltando, golpeando un cojín... Y, al hacerlo, pon tu intención en sacar fuera esa emoción que te atraviesa y devolverla al universo con agradecimiento.

Te cuento una anécdota personal para que veas cómo se puede aplicar en cualquier situación. Un día festivo estábamos paseando por el Puerto de Sóller (en Mallorca) y tuve una discusión con mi marido al no ponernos de acuerdo sobre los planes familiares para la tarde. Sentí que quería imponer su criterio y su manera de expresarlo, probablemente sin mala intención, disparó mi herida de injusticia, por lo que me enfadé muchísimo y la ira me quemaba por dentro. Al detectarlo, y como no quería reprimirla en el cuerpo, me alejé de la familia y destrocé una barra de pan que había comprado para la cena, se la entregué a los patos del embarcadero. Mientras lo hacía, ponía mi intención en sacar fuera esa emoción tratando de respirar, devolviendo esa ira al universo con gratitud por esa oportunidad de liberación y sanación.

(2) Observa

El siguiente paso es observar qué quiere decirte esa emoción, qué se oculta detrás de ella. Puedes preguntarte:

- ¿Qué ha detonado esa emoción? ¿Cuál ha sido su disparador?
- ¿Ha aparecido conjuntamente, antes o después de alguna molestia física?
- ¿Qué persona o situación me trae esta emoción?
- ¿Qué pensamientos dominantes me activa?
- ¿Qué herida de mi infancia se está despertando?
- ¿Hay algo que me trata de decir? Por ejemplo:
  - ¿He superado algún límite personal?
  - ¿Siento que hay algún peligro real?
  - ¿Estoy haciendo un duelo que no acepto?
  - ¿Mis acciones son diferentes a mis intenciones y siento incoherencia?

- ¿No tengo lo que deseo?

- ¿Algo me está causando malestar?

- ¿Deseo algo que tienen los demás?

- ¿Me siento humillada o atacada?

(3) Perdona

Es el momento de perdonar o perdonarte, da lo mismo, pues todo forma parte de ti.

Localiza la parte del cuerpo en la que sientes la emoción, quizá el centro del pecho, la boca del estómago, la cabeza. Lleva tu respiración hacia ese punto y di para ti: «Me perdono, completa y amorosamente» o «Perdono mi enfado, o mi rabia, o mi culpa...».

Cuando te perdonas, ya no eres culpable, ya no hay juicio. Comprendes que las emociones no son lo que tú eres, pasan a través de ti para mostrarte algo que está pendiente de ser sanado y liberado.

(4) Activa

En el universo, todo es energía, todo vibra y tiene su propia frecuencia energética. Las emociones también. Por eso mismo puedes elevar la energía densa de la emoción que te causa malestar hacia su opuesta, porque la suma de una frecuencia con su opuesta dan como resultado un estado neutro de armonía.

Para ello, puedes utilizar una activación que te ayude a anclarte en esa otra frecuencia positiva.

En esta tabla encontrarás un listado de las principales emociones y cuál es su emoción opuesta y armonizadora. Cuando te enfocas en ella con su activación correspondiente (repitiéndola al menos cuatro veces), puedes armonizar la energía densa.

Si estoy sintiendo esto...	Lo puedo armonizar con...	Activación
Abuso	Amor	*Yo merezco ser amada.*
Actitud defensiva	Actitud receptiva	*Estoy abierta a recibir.*
Adicción	Libertad	*Yo soy querida y digna.*
Agobio	Tranquilidad	*Yo soy calma.*
Agotamiento	Fuerza / Unidad / Sentirse completa / Energía	*Conecto con mi fuerza interior.*
Agresión	Respeto	*Soy digna de ser respetada.*
Amargura	Conexión	*Yo soy esencia divina.*
Amor no recibido	Amor incondicional	*Yo soy amada.*
Angustia	Éxtasis	*Vivo con gozo y alegría.*
Ansiedad	Confianza	*Confío en la vida.*
Asco	Poder personal / Empoderamiento	*Estoy conectada con mi poder personal.*
Autolesión	Curación	*Aprendo.*
Baja autoestima	Amor propio	*Me amo completamente.*
Celos	Movimiento	*Soy libre de avanzar.*
Conflicto interno	Armonía interna	*Yo soy armonía.*
Confusión	Atención	*Estoy centrada y enfocada.*

Si estoy sintiendo esto...	Lo puedo armonizar con...	Activación
Culpa	Equilibrio / Merecimiento	*Merezco todo lo que deseo.*
Depresión	Vida	*Estoy viva.*
Desamparo	Reconocimiento / Conexión	*Yo soy importante.*
Desánimo	Inspiración	*Recibo inspiración divina.*
Desconfianza	Integridad	*Yo honro la verdad.*
Desesperación	Esperanza	*Tengo fe.*
Desprecio	Respeto	*Yo honro.*
Dolor profundo	Vida / Paz	*Estoy viva y en paz.*
Estancamiento	Transformación	*Transformo y trasciendo lo que no me sirve.*
Estrés emocional	Armonía	*Vivo en armonía.*
Estrés físico	Diversión	*Vivo la vida como un juego.*
Falta de control	Flexibilidad / Equilibrio	*Fluyo con la vida.*
Fastidio	Contento	*Me siento bien.*
Fracaso / Desesperanza	Éxito / Esperanza	*Yo soy capaz.*
Frustración	Logro	*Yo logro lo que me propongo.*
Horror / Pavor	Pasión / Seguridad	*Estoy a salvo.*
Hostilidad	Armonía	*Vivo en armonía.*

Si estoy sintiendo esto...	Lo puedo armonizar con...	Activación
Humillación	Honor	*Manifiesto cualidades divinas.*
Impotencia	Unidad	*Soy uno con todo lo que es.*
Insatisfacción	Gratitud	*Siento gratitud por las bendiciones que hay en mi vida.*
Inseguridad	Seguridad / Protección	*Me siento segura y protegida.*
Ira / Rabia	Alegría / Risa	*Estoy en el camino correcto.*
Irritación	Felicidad	*Yo soy feliz.*
Limitación	Liberación	*Yo soy libre.*
Llanto	Risa y alegría	*Vivo la vida con alegría.*
Miedo	Consciencia	*Me enfrento a lo desconocido con confianza.*
Negación	Aceptación	*Me acepto tal y como soy.*
Nerviosismo	Tranquilidad	*Estoy en armonía.*
Obstinación	Motivación / Flexibilidad	*Fluyo con la vida.*
Odio	Perdón / Reconocimiento	*Yo soy valiosa.*
Pánico	Tranquilidad	*Yo soy calma.*
Pena	Alegría	*Yo soy alegría.*
Preocupación	Abundancia	*Yo soy abundancia.*

Si estoy sintiendo esto...	Lo puedo armonizar con...	Activación
Rechazo	Aceptación	*Me acepto completamente.*
Resentimiento	Abrazo	*Soy amada y estoy completa.*
Sentirse débil / Debilidad	Ser invencible	*Soy fuerte y capaz de cualquier cosa.*
Sentirse perdida o sola	Unión	*Soy uno con todo lo que es.*
Sentirse vacía	Completa / conexión con todo lo que es	*Amo todas las partes de mi ser.*
Shock / trauma	Crecimiento	*Yo crezco y avanzo.*
Traición	Confianza	*Vivo mi divinidad.*
Tristeza	Alegría	*Yo soy alegría.*
Vergüenza	Comprensión	*Yo comprendo.*
Vulnerabilidad	Sentirse completa	*Soy uno con todo.*

Cuando el alivio esté presente, cierra los ojos y haz una respiración profunda y pregúntate:

¿Todo lo que me impida sentir (nombra la emoción armonizadora), estoy dispuesta a soltarlo?

Si es así, inhala profundo y suelta el aire diciendo:

Suelto y transformo esto, aquí y ahora.
¿Y qué más es posible?

Para reforzar este proceso de liberación emocional puedes utilizar un **aceite esencial**. La aromaterapia es un arte de sanación milenario utilizado por múltiples culturas de todos los tiempos. Los aceites esenciales son compuestos aromáticos volátiles extraídos por distintos procesos (como destilación, vapor, prensado) de las principales partes de las plantas y concentran todas sus propiedades sanadoras, por lo que tienen una capacidad transformadora y terapéutica muy poderosa. Los aromas de los aceites esenciales transmiten un mensaje que puede ayudarte a liberar y sanar tus emociones, conectan con tu ser a través del sistema límbico (el centro emocional del cerebro) y llegan a lo profundo, a las verdaderas necesidades, sobre todo las más escondidas.

Ahora bien, la calidad del aceite esencial es muy importante. Para hacer un trabajo terapéutico y energético, necesitas aceites esenciales 100 % puros, íntegros y de altísima calidad. Y siempre debes utilizarlos diluidos en un aceite vegetal.

Los aceites que recomiendo para este proceso de liberación emocional son:

Para miedo y emociones relacionadas	Para ira y emociones relacionadas	Para tristeza y emociones relacionadas	Para emociones relacionadas con baja autoestima
(ansiedad, inseguridad, pánico, nerviosismo, desconfianza, horror/pavor...)	*(rabia, resentimiento, odio, frustración, hostilidad, irritación, agresión...)*	*(depresión, desánimo, desesperación, sentimiento de soledad o vacío, pena, duelo...)*	*(culpa, vergüenza, humillación, sentimiento de fracaso o desesperanza, rechazo...)*
Naranja Manzanilla romana Copaiba Albahaca Bergamota Ylang ylang Sándalo	Lavanda Bergamota Incienso Limón Cedro Geranio Rosa Manzanilla romana	Geranio Naranja Limón Rosa Bergamota Mejorana Lavanda	Lavanda Copaiba Ylang ylang Bergamota Incienso Manzanilla Cedro Naranja Romero Rosa Pachuli Sándalo Geranio

El aceite esencial puede apoyarte en la liberación emocional a través de:

- Inhalarlo (al menos tres respiraciones profundas, directamente del bote o tras aplicarlo en las muñecas o las palmas de las manos e inhalar desde ahí).

- Aplicarlo tópicamente con un ligero masaje circular en la zona del plexo solar, o bien en la parte del cuerpo donde sientes y ubicas la emoción (puede ser la cabeza, el pecho, el corazón o la espalda...).

Acoge la energía y el aroma del aceite, recíbelo respirando profundamente, con presencia, como sintiendo un abrazo cálido y diciéndote la activación al menos cuatro veces.

También puedes extender los brazos alrededor de tu cuerpo varias veces para impregnar tu campo energético del perfume de la esencia y de su vibración.

El anclaje a la emoción positiva puedes hacerlo, además de con la activación, a través de un **ejercicio de anclaje de arteterapia**.

Ejercicio de anclaje en una emoción positiva

Necesitarás:

- Una hoja o cuaderno
- Algunos lápices de colores.
- Tiempo para ti a solas, sin interrupciones.

Pasos a seguir:

1. Conecta con la emoción armonizadora cerrando los ojos y haciendo algunas respiraciones conscientes.

2. A continuación, dibuja en la hoja lo que te inspira esa emoción. Deja que la emoción crezca en ti a través del dibujo. Cuanto más dibujes, más podrás sentir esa emoción.

3. Coloca ese dibujo en algún lugar o espacio que veas a menudo y te servirá de anclaje de la emoción positiva que deseas mantener.

El mejor truco para cambiar lo que pasó (Kambia)

La ley de la vida es la ley de la creencia. Una creencia es un pensamiento en tu mente. No creas en cosas que te puedan causar daño o lesionar. Cree en el poder de tu subconsciente para sanarte, inspirarte, fortalecerte y hacerte prosperar. Según lo que creas, así te irá.

Joseph Murphy

El autor Napoleon Hill, muy conocido en el mundo del emprendimiento y el desarrollo personal, cuando era niño, vivía en una cabaña de madera de una sola habitación en las montañas de Virginia, en Estados Unidos. Era una casa tan aislada que hasta que no tuvo doce años no vio un tren por primera vez. Además, perdió a su madre cuando tenía ocho años y, al parecer, era un niño muy salvaje y sin control.

Cuando su padre se volvió a casar y conoció a su madrastra, se la presentó diciendo:

—Martha, aquí está tu nuevo hijo, Napoleon, el chico más malo del condado de Wise. No me sorprendería si mañana por la mañana comienza a tirarte piedras.

Pero lo que le dijo esa mujer entonces sembró una semilla en él que lo cambió todo. Se acercó a él, le puso la mano en la barbilla, levantó su cabeza para verlo y dijo:

—Estás equivocado acerca de este chico. Él no es el chico más malo del condado de Wise. Él es un chico inteligente que aún no ha aprendido a utilizar su sabiduría.

Así fue como Napoleon Hill cambió su rifle por una máquina de escribir. Su madrastra le enseñó a escribir, a buscar información, a expresar sus ideas por escrito. Años más tarde, logró ser un escritor famoso de superación personal y él mismo contaba en los últimos años de su vida que, hasta que no sustituyó su creencia de que era malo por la semilla de que era sabio y que podía hacer grandes cosas, no pudo empezar a convertirse en la persona que debía ser.

Ya hemos hablado de la huella que dejan las etiquetas de los adultos en la construcción de nuestra identidad durante la infancia. ¿Y si te dijera que puedes volver al pasado y poner en boca de tus padres y de otras personas muchas de las cosas que necesitabas escuchar, pero no escuchaste? ¿Y si te dijera que es posible reescribir tu historia?

Para tu mente, no hay distinción entre lo real y lo imaginado. Para explicarlo en mis formaciones, un ejercicio que me gusta hacer es el siguiente:

> Cierra los ojos y visualizas en tu pantalla mental que te estás comiendo una fruta deliciosa. Puede ser una naranja, o un melocotón, lo que te apetezca. Solo se trata de imaginarlo en la mente, evocando el aroma, el sabor, las sensaciones de coger esa fruta, olerla, pelarla y comenzar a comértela.

Cuando propongo este ejercicio pasa una cosa muy curiosa. Todas las personas que hacen el ejercicio, no falla, comienzan a salivar. Su cuerpo se prepara de verdad para comerse la fruta.

¿Por qué pasa esto? ¿Acaso la mente no sabe que es solo una imaginación? Pues no. Para la mente no hay diferencia entre lo que imaginamos y lo que sucede en la realidad física, y cree que de verdad te estás comiendo la fruta, por eso da la orden a las papilas gustativas de que comiencen a salivar.

Esto, además de ser curioso, tiene una parte muy positiva y una parte muy negativa. La positiva es que lo que piensas en tu mente tiene mucho poder para crear tu realidad. La negativa es que la mayoría de pensamientos diarios que tenemos nos provocan respuestas negativas porque están anclados a memorias emocionales del pasado que nos perjudican. Por eso, los chamanes kahuna de Hawái dicen que la mayor parte del sufrimiento que experimenta una persona es totalmente innecesario, ya que proviene de nuestros patrones y memorias subconscientes, y eso se puede evitar.

Para cambiar el pasado el mejor truco es hacer una meditación regresiva y cambiarlo a través de una técnica que se llama **rememoración**.

La técnica de la rememoración

Es una técnica alquímica milenaria que entrena tu capacidad de observarte y de moverte en tu vida desde una ecuanimidad y desapego, sin caer tanto en las resistencias.

Consiste en entrenar **la proyección mental o visualización**, esa capacidad de crear imágenes como si estuvieras creando un guión y una película en tu mente. Recuerda que el cerebro no distingue entre recuerdos y las imágenes que proyectamos. Al revisar y editar en tu mente los sucesos de tu vida, los puedes corregir realmente en los planos sutiles, es una manera de reescribrirlos.

Para realizar esta técnica, conviene que estés cómoda, confortable y relajada, y la realices por la noche antes de dormir. Centrándote en ti y en tu respiración, comienzas repitiendo tres veces la siguiente afirmación:

Yo, (tu nombre), como ser humano consciente, vivo en el presente y tomo el control de mis acciones en todo momento. Si en el transcurso de mi vida soy consciente de algún momento mejorable, puedo hacer uso de mi derecho de potestad y lo transformaré, para liberar y restaurar todas las consecuencias negativas de ese momento. Convertiré cada evento en perfecto para mí y desde esa senda de redención me acercaré más a mi verdadera esencia.

La afirmación puedes repetirla mentalmente, lo que sí es importante es que puedas escuchar tu voz claramente cuando la repites en tu cabeza.

Un paso muy importante para esta práctica es que prepares un **mecanismo de protección o salvaguarda** a través de definir **una palabra que te haga sentir protegida**.

Si cuando estás rememorando algún suceso, entras en situaciones que te superan, o simplemente ya has terminado de editar ese momento, utiliza la palabra de seguridad para finalizar y regresar a la consciencia del momento presente.

Para programar esa palabra, puedes repetir esta afirmación tres veces:

Yo, (tu nombre), como ser humano consciente, vivo en el presente y tomo el control de mis acciones en todo momento. Cuando diga la palabra (la que has elegido), un escudo de mi esencia álmica impenetrable me protegerá y me traerá de regreso sana y salva al momento presente. Dentro de ese escudo contaré del 1 al 10 y mi rememoración habrá finalizado.

Pasos a seguir una vez ya hayas pronunciado las afirmaciones:

1. Cuando estés preparada, cuentas de 10 a 1 y entras en la visualización evocando algún evento doloroso de tu infancia.

2. Te centras en ese recuerdo y lo sientes con todo lujo de detalles. Se trata de que puedas revivirlo (sonidos, aromas, emociones...). Ten en cuenta que cuanto más vívida sea la recreación, mejor funcionará la técnica. Si no tienes recuerdos específicos de un evento doloroso, pero sí que te has dado cuenta de que viviste situaciones de desamparo (rechazo, abandono, humillación...), puedes conectar directamente con tu niña interior y pasar al siguiente punto.

3. Párate justo antes del evento doloroso y proyecta en tu mente con todo detalle cómo te gustaría que hubiese transcurrido en realidad. Tómate el tiempo que necesites. Cambia cualquier cosa que sientas que puede mejorar.

4. Visualiza raíces luminosas que parten de tus pies y, al entrar en contacto con la tierra, que todo tu cuerpo se llena de una energía renovada. Siente la fuerza que este nuevo recuerdo te aporta.

5. Enlaza después este recuerdo con otro positivo que sea especialmente significativo para ti.

6. Cuando lo sientas, pronuncia tu palabra de seguridad y finaliza la práctica.

Es importante que revises especialmente con calma los recuerdos en los que sientas alguna emoción más fuerte. Ten en cuenta que al modificar tus recuerdos estás cambiando el pasado para ti, pero también para todas las personas con las que interactuaste, que se van a beneficiar de tus acciones conscientes y de tu crecimiento personal.

Al principio puede costar un poco, pero la práctica te llevará a perfeccionar esta herramienta y cada vez será más rápido para ti. Además, recuerda que puedes volver siempre que quieras a rememorar cada recuerdo, aunque es recomendable hacerlo **al menos siete días seguidos**. Cuando hayas rememorado un evento del pasado, notarás alivio, ligereza y también más vitalidad. Incluso puedes notar como una vibración energética densa abandona tu cuerpo.

Puedes utilizar esta técnica todas las veces que quieras para transformar todos los momentos que te hayan dejado una memoria dolorosa.

Otra variante de este ejercicio es a través de un ritual de reconocimiento, que ayudará a tu niña interior a forjar una nueva identidad más saludable y empoderada.

Ritual de reconocimiento con rememoración

- Reflexiona y escribe tres listas personales (hazlo sin prisas, incluso en varios días si así lo necesitas, la cuestión es que procures completarlas todo lo que puedas, sin dejarte nada):
  - Una con tus cualidades personales, todo aquello que te gusta de ti misma.
  - Una con los elogios y comentarios positivos que has recibido a lo largo de tu vida, tanto de tu infancia como de tu edad adulta.
  - Una de tus logros y éxitos, todos aquellos desafíos superados y retos de los que te sientes orgullosa

- Cuando las tengas completadas, puedes iniciar el ejercicio de rememoración a través de conectar con tu niña interior y compartir con ella todos estos reconocimientos. Transmítele lo valiosa que es y el gran potencial que tiene.

- También es recomendable hacer este ejercicio por la noche antes de ir a dormir, ya que el grado más alto de conexión con la mente subconsciente es justo antes de entrar en el sueño y después de despertar.

Supera de una vez el duelo de tus padres imaginarios (Expiación)

El propósito de la expiación es devolvértelo todo o, más bien, devolvérselo a tu consciencia.

Un curso de milagros

Expiar significa *deshacer*. En *Un curso de milagros*, la expiación implica la liberación de la culpa y los miedos, y el retorno a un estado de paz y unidad con el Todo. Ese estado ecuánime es el que deberíamos sentir con nuestros padres. Para ello, el primer paso importante es ser consciente de cómo es la relación tóxica y la influencia que tienen tus padres sobre ti.

En muchos casos, puedes sentir una disarmonía afectiva respecto a ellos, es decir, sientes dos emociones al mismo tiempo que son opuestas, lo que crea una dualidad que causa tensión y sufrimiento. Muchas personas no quieren enfrentarse a emociones negativas relacionadas con sus padres y las reprimen, prefieren concentrarse en las emociones positivas de amor y admiración. Siguen idealizando esos padres imaginarios que su niña interior construyó para sobrevivir al desamparo y la separación, a pesar de que esos padres hayan sido negativos o tóxicos, e incluso puedan seguir siéndolo y continuar provocando un estado de sumisión y dependencia hacia ellos (muy habitual en las madres).

Mantenemos en la edad adulta esa dificultad para ver la verdadera realidad de las limitaciones de nuestros padres porque nuestra niña interior todavía está esperando ser validada y reconocida, sigue a la espera de recibir el amor que necesita y merece para sobrevivir. Al ser una necesidad profunda que queda insatisfecha, se mantiene como en estado de espera y, al devenir adulta, provoca un autosabotaje que lleva a proyectar inconscientemente estas necesidades en otras situaciones y personas (pareja, hijos, hermanos, amigos...), que simplemente no pueden satisfacerlas. Es imposible que otras personas puedan atender las necesidades básicas de tu niña interior.

Por ello, autoras como Bethany Webster hablan de «renunciar al sueño imposible» de que tu madre y tu padre te den el amor que necesitabas. Es preciso superar ese duelo para liberarte y ser la mujer que estás destinada a ser. Como adulta, necesitas reconocer que tu madre y tu padre hicieron lo que pudieron en su camino de vida, con su nivel de consciencia, las circunstancias y los desafíos que tuvieron que afrontar y la capacidad que tenían de amarte y maternarte, pero debes darte cuenta de que su falta de capacidad no tiene nada que ver contigo, es más bien un reflejo de su propia historia y las heridas que cargan que tú no puedes controlar. Tus padres hicieron lo que pudieron y es hora de dejar de lamentar lo que ya nunca puede ser. Eso es ejercer tu libertad aunque suponga atravesar el dolor de ver la verdad.

Sé que, como todos los niños, has crecido identificándote con tus padres y las proyecciones que ellos hacían sobre ti, lo que puede haber provocado que te sientas segura y confortable en esa identificación y ahora te cueste salir de ahí por el miedo al cambio, de no saber quién eres. Pero puedes ayudar a tu niña interior a entender que tus padres nunca se van a transformar en los padres que necesitabas y dejar de amplificar lo que ellos digan o valoren de ti. La oportunidad para recibir ese amor incondicional que tanto te esforzaste en conseguir era la infancia, y ya pasó.

Por tanto, es necesario atravesar el duelo para poder avanzar y liberar toda esa energía vital atrapada que te mantiene en un estado de lealtad familiar, pendiente de las expectativas de tus padres, buscando el amor de tus padres en tus relaciones, creando dependencia hacia el reconocimiento de los demás, sufriendo con la crítica, o con dificultades para equilibrar tus emociones negativas o confiar en tu propio sentir. Ahora eres una adulta poderosa y con recursos y nunca más volverás a estar tan indefensa como en tu infancia.

Superar este duelo es un paso necesario para la sanación de la niña interior, es lo que te llevará a comprender que **tú eres la fuente de todo el amor que mereces**. Es darte cuenta de que no tiene sentido estar esperando el amor externo, porque tú eres amor y, por tanto, es absurdo buscarlo fuera.

Es la mejor medicina para crear una nueva relación con tus heridas y…

- **Si sufres una herida de humillación**, dejar de evitar situaciones de intimidad y conexión emocional con personas que tengan cierto parecido a tus padres.

- **Si sufres una herida de injusticia**, dejar de luchar y criticar a esas personas que te recuerdan a tus padres y sientes como enemigos.

- **Si sufres una herida de traición**, dejar de protegerte en extremo ante esas personas que tienen rasgos similares a tus padres y aprender a confiar.

- **Si sufres una herida de rechazo**, dejar de rechazar a las personas que te recuerdan a tus padres y dejar de reaccionar de forma inconsciente.

- **Si sufres una herida de abandono**, dejar de sentirte abandonada o con miedo a que te abandonen y no depender de situaciones o relaciones que estén directamente o indirectamente relacionadas con tus padres.

Para hacer este duelo, puedes atravesar diferentes etapas.

La primera fase es **tomar consciencia** de la distancia que hay entre tus padres reales y los padres imaginarios que tu niña interior necesitaba y merecía. Debes despedirte de esa visión idealizada de ellos. En esta fase puede aparecer dolor y es legítimo que así sea, permítete expresarlo y acompañarlo con las técnicas de liberación emocional que has aprendido en este libro.

La segunda fase es **redefinir la relación** con tus padres a partir de perdornarlos. El perdón es la herramienta más poderosa que existe para liberar y sanar todo lo que obstaculiza tu bienestar, tu evolución y tu crecimiento personal y espiritual. Tus padres siempre serán tus padres, la relación biológica no desaparece, pero la función parental sí que tiene una duración determinada y es preciso establecer unos límites saludables para desarrollar una autonomía emocional y liberarte de la búsqueda constante de su aprobación o de tratar de cambiarlos.

La tercera fase es utilizar **herramientas terapéuticas** para expresar este duelo y trascenderlo, para así dejar de hacer lo que sea que estés haciendo para cambiar a tus padres y marcar un nuevo punto de inicio.

La cuarta fase es comenzar una **nueva relación contigo misma**, que ya ha comenzado con la rememoración (el paso anterior del método HACKEAR), pero que te llevará ahora a un mayor conocimiento y profundidad de ti misma, de tu potencial y de tus límites y a crear relaciones más positivas con los demás.

Cuanto más consciente vivas el duelo, más energía liberarás y podrás aceptar a tus padres reales y anclarte en el presente. A continuación, encontrarás dos herramientas terapéuticas muy útiles para acompañar el duelo de tus padres imaginarios:

La carta de duelo

Necesitarás:

- Papel y útiles de escritura.
- Papel de aluminio.
- Sal.
- Tiempo para ti a solas, sin interrupciones.

Paso a paso:

- Instálate en un espacio tranquilo y comienza a escribir en una hoja: «Querida mamá imaginaria, te digo adiós porque...».

- Tómate el tiempo que necesites para escuchar y expresar tus sentimientos.

- Cuando hayas finalizado, en el reverso de la hoja puedes escribir: «Querida mamá real, te acepto tal y como eres. Te acepto porque...».

- De nuevo, tómate el tiempo que necesites para escuchar y expresar tus sentimientos.

- Cuando hayas terminado, relee todo lo que has escrito. Después, rompe la hoja en dos trozos y pronuncia: «Adiós, mamá imaginaria. Hola, mamá real». Si quieres romperla en más trozos, ve repitiendo la frase cada vez.

- Quema los trozos de papel en el papel de aluminio y echa un puñado de sal. Después puedes entregar las cenizas a la tierra o el mar.

- Repite el mismo proceso para tu padre.

Ritual del perdón

Para crear una nueva relación con el pasado, es muy importante perdonar. Perdonar es un regalo que nos hacemos a nosotras mismas. Es desapegarse de una situación, relación u objeto negativo o tóxico. No es minimizar, no es excusar, no es olvidar. Es dejar algo en el pasado, desapegarse de ello, para liberar la energía retenida y devolverla a la consciencia, de ahí que sea una herramienta de liberación. Por eso, para liberarte de los lazos tóxicos con tus padres, es importante perdonarles.

Tengo comprobado que hacer este proceso es mucho más fácil, natural y genuino a través de conectarte con su niño interior, pues tus padres también tienen un niño herido en su interior.

Necesitarás:

- Papel y útiles de escritura.
- Tiempo para ti a solas, sin interrupciones.

Pasos a seguir:

- Siéntate en un lugar tranquilo manteniendo las hojas para escribir cerca. Pon tu mano sobre tu chakra del corazón y conecta con el latido de tu corazón y tu respiración, con ese ritmo único que expresas.

- Cierra los ojos y visualízate en una habitación donde estás sentado en una silla frente a tu padre. Eres adulto y tu padre es un niño.

- Míralo y observa: cómo es, qué postura mantiene, cómo es su mirada... Descríbelo y escribe lo que ves y deja que surja lo que sientes, ya sea a nivel físico, emocional o energético.

- Todo aquello que necesites decirle, exprésalo, siempre adaptando el discurso a un niño. Escríbelo manteniendo una mano en tu corazón. Al final de la carta escribe «Te perdono».

- Escucha la respuesta de tu padre que se presenta en forma de un niño.

- Si así lo sientes, abraza al niño interior de tu padre y deja que todos tus sentimientos surjan.

- Después, puedes quemar la carta y ofrecer las cenizas a la tierra o el mar.

- Después de este ejercicio, repítelo con tu madre.

- Nota: Recuérdale a tu niña interior que al perdonar no justificas lo que ocurrió, pero que eres amor y las emociones negativas las puedes transformar.

En realidad solo tienes que hacer una cosa: automaternarte

La madre interior puede aportar una presencia amorosa y benevolente que nos diga: «Estás a salvo aunque sientas ese dolor. Hagamos algo tranquilamente, ¿qué te parece salir a pasear, ponerte crema en las manos o mirar los árboles por la ventana?».
Bethany Webster

Ahora, tu tarea como mujer consciente radica en convertirte en la madre que siempre quisiste tener, pero hacia ti misma. Es decir, transformar la madre interna dentro de tu psique, creada a partir de tu madre biológica, con sus limitaciones humanas, en la madre que siempre necesitaste y querías.

El automaternaje es la capacidad de cuidar de ti misma, escuchando tus necesidades, respetando tus límites y tomando las decisiones más adecuadas y potenciadoras para ti.

Se trata de crear una estructura interna sólida que vele por ti y por tus necesidades integrales para que puedas desplegar toda tu grandeza. Cuanto más lejos quieras llegar en tus objetivos personales, más importante es que desarrolles una madre interior fuerte y disponible que acoja y valide a tu niña interior. Solo que la historia personal que de niña viviste con tu madre, la manera en la que ella y las mujeres de tu linaje se cuidaban a sí mismas son cruciales en tu capacidad de automaternaje, puesto que recibes de ellas los patrones que crean este arquetipo de la madre interior.

Por ello es importante hacer un proceso consciente de crear y parir una nueva madre interna que sea una fuente ilimitada de amor incondicional, con la que puedas contar en todo momento. El objetivo principal de este proceso es integrar a tu niña interior con tu madre interna para que pueda resurgir la adulta madura y empoderada.

De esta manera, acoges a tu niña interior y permites que se exprese, que juegue, que sea creativa e innovadora, que exprese su pasión, sus dones y talentos (recuerda que ella tiene acceso directo a tu mente superior y a tu fuente infinita de sabiduría y poder). Ahí es cuando se enciende dentro de ti la fuerza para desplegar todo tu potencial y crear nuevas realidades en tu experiencia de vida, desde tu verdadero poder interno.

Recuerda esto:

La niña interior a la que se escucha y se cuida con amor se convierte en la mejor aliada para desplegar tu grandeza y vivir en un estado divino permanente.

Un ejemplo claro de esta situación se puede observar en la película *The Kid*, del director Jon Turtealtaub, donde un asesor de imagen, interpretado por Bruce Willis, tiene una segunda oportunidad en la vida, cuando una versión de ocho años de sí mismo misteriosamente aparece en su casa. Su niño interior le provoca un gran rechazo al inicio, pero, poco a poco, va conectando consigo mismo y recordando esa capacidad de entusiasmo y pasión por la vida que, tras la herida de abandono por la pérdida de su madre, perdió al crecer.

¿Cómo convertirte en tu propia madre primaria?

Es un proceso transformador de integración que se logra a través de **un diálogo constante con tu niña interior**. Cada día le demuestras tu capacidad para cuidarla, consolarla, alentarla y acompañarla. Necesitas crear un vínculo de apego seguro entre tu niña interior y la madre interna adulta que representas ahora. Para ello, necesitas encarnar a una madre que combine ternura, consuelo y cariño y que ayude a procesar el dolor, a redimir la culpa. Pero que también aporte seguridad, estabilidad y firmeza a la hora de establecer límites, para no caer en creencias y patrones destructivos.

Puedes comenzar ahora mismo a cultivar a esta nueva madre interna a través de una serie de activaciones muy fáciles de integrar en tu ritmo diario.

Mi recomendación es que hagas un **protocolo de activación de al menos 21 días**, para fortalecer este vínculo. Puedes acompañarlo de algún aceite esencial que combine algún cítrico (mandarina, naranja, bergamota) con un floral (rosa, geranio, jazmín, ylang ylang) y aplicarlo, diluido en un aceite vegetal, con un ligero masaje circular en la zona de tus tres centros: chakra del sacro, chakra del corazón y chakra del tercer ojo.

Cada mañana, dedica cinco minutos a conectar con tu niña interior (tal y como has aprendido a hacer en el paso 1 del método HACKEAR) pero añade un paso más: ahora, vas a dedicarle unas palabras concretas de validación y empoderamiento, que puedes adaptar **teniendo en cuenta tu Luna natal** (te expliqué la influencia de tu Luna natal y tus necesidades emocionales en la primera parte del libro).

Siéntete libre de adaptar cada texto a tus palabras y las necesidades que detectes en tu niña interior, pero estas propuestas te pueden servir como referencia.

- Si tu energía lunar es de elemento Aire (Géminis, Libra, Acuario):

  «¡Buenos días, cariño! Te amo profundamente, eres maravillosa. Me alegra tanto que estés aquí. Eres muy especial. Me gusta mucho como eres, no te dejaré por ninguna razón. Me encanta observar cómo aprendes y cómo descubres el mundo a tu manera. Te prometo que siempre estaré a tu lado, cuidándote y valorándote. No te abandonaré bajo ningún concepto. Hoy es un nuevo día lleno de posibilidades, ¡me alegro tanto de compartirlo contigo!».

- Si tu energía lunar es de elemento Agua (Cáncer, Escorpio, Piscis):

  «¡Buenos días, preciosa! Eres tan única y especial, te amo inmensamente. El mundo entero sonrió cuando naciste. Eres perfecta tal como eres. Lamento que no siempre hayas sentido el amor y la aceptación que mereces. Pero yo estoy aquí ahora para protegerte y amarte. Puedes ser tú misma y aún así contar con que estaré a tu lado siempre, puedes confiar en mí. Hoy es un nuevo día lleno de posibilidades y juntas lo haremos maravilloso. Estás segura conmigo, siempre».

- Si tu energía lunar es de elemento Fuego (Aries, Leo, Sagitario):

  «¡Buenos días, reina! En todo el mundo no ha habido nunca otra como tú. Eres única y extraordinaria. Veo tu grandeza y esa luz que has traído al mundo para iluminarlo todo a tu alrededor. Te amo y te adoro. Me encanta tu pasión y tu manera de descubrir el mundo. Eres especial y única, no hay nada que puedas hacer para que no lo seas para mí. Voy a estar siempre a tu lado siendo testigo de tu grandeza y apoyándote en lo que necesites. El mundo entero está esperando verte brillar. Vamos a hacer que este día sea una aventura épica, donde tú eres la protagonista, y yo estaré a tu lado.»

- Si tu energía lunar es de elemento Tierra (Tauro, Virgo, Capricornio):

«¡Buenos días, tesoro! Eres tan adorable, buena y especial. No hay nadie como tú en el mundo entero. ¡Te amo mucho! No hay nada que puedas hacer para no ser adorable para mí. Tienes tantas capacidades increíbles, sabes hacer muchas cosas, admiro tu habilidad y tu creatividad, eres muy especial. Te prometo que nunca vas a estar sola, siempre estaré a tu lado acompañándote y pendiente de lo que puedas necesitar. Quiero cuidar de ti y estoy preparada para ello. Vamos a vivir juntas un día maravilloso».

En todos los casos, puedes añadir también algunas palabras para diferenciar que tú eres ahora su cuidadora principal y que no harás lo mismo que tus padres. Por ejemplo:

«Lamento que no siempre hayas sentido el amor y la aceptación que mereces de papá y mamá. Pero yo, tu yo adulto, estoy aquí ahora para protegerte y amarte sin condiciones. Te prometo que siempre estaré a tu lado, cuidándote y valorándote».

Cuando acabes, haz una respiración profunda y espera hasta que sientas un cambio en tu cuerpo Sentirás algo que se libera y se destensa. Esta es una buena señal de que tu niña interior se siente más segura y relajada. Si surgen emociones densas como enfado o tristeza, también es un indicador positivo, quiere decir que estás movilizando y liberando más energía atrapada en tu cuerpo. Agradece esa oportunidad para soltar , y acompáñate con la técnica DOPA.

En todo momento, permanece atenta por si tu niña interior quiere expresarte algo. Puedes animarla a compartir lo que siente y atenderla según lo que necesite, siempre transmitiendo tu pleno apoyo y presencia amorosa.

Este ritual de conexión lo puedes hacer también por la noche, antes de ir a dormir, y durante el día puedes ir repitiendo esta pequeña activación:

«Te veo. Estoy contigo. Estás a salvo, no importa lo que esté sucediendo. Estoy a tu lado, te amo y te protejo».

Sigue potenciando el automaternaje:

La lista de deseos

Haz una lista de actividades que de niña deseabas hacer con tus padres y ¡proponte hacerlas con tu niña interior!

Por ejemplo, si deseabas que:

- Te leyeran un cuento antes de ir a dormir.
- Te prepararan el desayuno de un modo especial.
- Te acompañaran a explorar tus intereses (de arte, de ciencia, de naturaleza...).
- Te permitieran jugar ensuciándote las manos.
- Te sorprendieran con algún evento o viaje especial.
- Te acompañaran en tus juegos con interés genuino.
- Pintar, bailar, cocinar...

Ejercicio Crea una nueva unidad en ti

Este ejercicio de *coaching* energético te ayudará a encontrar un equilibrio interior a través de integrar las tres partes que hay en ti: la niña interior, la madre interna y la adulta que eres.

Necesitarás:

- Papel y útiles de escritura.
- Tiempo para ti a solas, sin interrupciones.

Paso a paso:

- Instálate en un lugar tranquilo y haz unas respiraciones conscientes.

- En una hoja, dibuja a tu niña interior rodeada de dos adultas. La niña está en medio y da la mano a las dos adultas.

- Debajo de la niña, escribe todo lo que necesitabas de niña. Todo lo que era importante para ti para sentirte bien y feliz. Escribe al menos tres cosas (es tu niña interior).

- Debajo del dibujo de la izquierda, escribe todos los pensamientos o palabras positivas que provienen de tu yo consciente y quieres expresar a tu niña interior. Intenta escribir al menos tres cosas (es tu yo adulto).

- Debajo del dibujo de la derecha, escribe todas las acciones que estás implementando actualmente para cuidarla, atenderla y todo lo que estás haciendo para que se sienta amada y segura. Escribe al menos tres cosas (es tu madre interna).

- Observa ahora lo que has escrito y dibujado y haz unas respiraciones suaves. Cierra los ojos, centrándote en tu pulso sacro-corazón, y visualiza a las tres personas de tu dibujo. Visualiza, imagina o siente cómo tu madre interna y tu yo adulta hablan con tu niña interior. Le están explicando lo que has escrito. Cuanto más hablan con ella, más sonríe tu niña interior. Continúa este ejercicio hasta que sientas una profunda paz y serenidad.

- Cuando hayas terminado, abre los ojos y escribe tus sensaciones (después, puedes escribirme un correo electrónico para darme las gracias).

Pregunta de poder

Cada vez que te sientas abrumada, sobrepasada, desanimada..., porque caes de nuevo en un patrón tóxico, te recomiendo que te hagas la siguiente pregunta. Es una pregunta que activa a tu madre interna y puede cambiar cualquier situación:

*«¿Qué sería lo más amoroso que
podría hacer por mí en este momento?»*

Siete herramientas que amplifican y renuevan tu poder

Nuestro miedo más profundo no es que seamos inadecuados.
Nuestro miedo más profundo es que somos poderosos más allá de toda medida.
Es nuestra luz, no nuestra oscuridad, lo que más nos asusta.
Marianne Williamson

Recuerda que en el universo todo es cuestión de vibración, todo vibra, todo se mueve. Nuestros pensamientos emiten una vibración que, por resonancia, atrae vibraciones similares en forma de cosas, personas, circunstancias, situaciones..., a nuestra vida.

Ya sabes que hay dos emociones básicas: el amor y el miedo.

El amor es la vibración más alta, el miedo es la más baja.

La vibración más baja corresponde al terreno del ego, que es el que nos genera toda clase de problemas en base a las programaciones subconscientes de la niña herida. La vibración más alta corresponde al amor, el terreno del espíritu, que es la energía de tu esencia verdadera. El resto de emociones derivan de estas dos básicas y todas ellas tienen una vibración.

Si eres capaz de estar el mayor tiempo posible en la vibración del amor (y sus emociones derivadas), emitirás vibraciones altas y atraerás personas, situaciones, circunstancias..., de esa misma vibración. Pero si la mayor parte del tiempo estás en una vibración baja, de miedo y culpa, bajas tu nivel vibracional, que es la calidad de tu energía, y por la ley universal de la atracción atraes y expandes a tu alrededor su igual (negatividad, conflictos, resentimiento...).

Por eso es tan importante que, después de todo este proceso de autosanación, aprendas maneras y estrategias para elevar tu vibración y mantenerla elevada, porque esto es una ley universal:

Atraes a tu vida situaciones
del nivel vibracional en el que te encuentras.

Ten en cuenta algo que es crucial y deberías recordar siempre: cada vez que piensas una cosa, sientes otra y, además, actúas de una manera diferente, estás bajando tu vibración.

Muchas veces pensamos y sentimos de una manera, pero no actuamos en consecuencia. Otras veces sentimos algo, pero nuestros pensamientos no están alineados con nuestro sentimiento. Obviamente, esto da como resultado acciones y situaciones que no deseamos.

Es necesario que trabajes para alinearte cada vez más con lo que piensas y deseas, con lo que sientes, y luego, sobre todo, seas consecuente actuando en sintonía. Esto te permitirá elevar tu vibración.

Así que ojo con la incoherencia contigo misma. No hagas lo que no sientes, respétate.

¿Cómo elevar tu vibración para amplificar tu poder?

Como vivimos en una sociedad inmersa en la energía del miedo y la culpa (del ego), son muchas las cosas a nuestro alrededor que nos bajan la vibración (las noticias negativas, el estrés que nos rodea, conflictos, violencia, pandemias...), más toda nuestra carga emocional y memorias pasadas negativas, que estamos en proceso de sanar.

Tienes que adoptar mecanismos que te ayuden a elevar la vibración y, para ello, voy a enseñarte las siete herramientas holísticas más potentes que conozco, todas fáciles de aplicar, que son válidas y asumibles para todas las personas.

Son:

(1) Escritura terapéutica

(2) Meditación

(3) Círculos de apoyo

(4) Higiene energética

(5) Cristaloterapia

(6) Corte de lazos energéticos

(7) Agradecimiento

Si aplicas estas siete herramientas en tu vida de forma regular, te garantizo que, en menos de un año, serás otra.

(1) Si te tomas en serio lo de convertirte en alguien mejor, escribe un diario.

Tienes que aprender a comunicarte contigo misma mediante el increíble poder de la escritura. Llevar un diario es una herramienta esencial para reflexionar, sanar y planificar tu vida. Tu diario es un reflejo de tu mente.

El psicólogo James W. Pennebaker demostró en diversos estudios a finales del siglo pasado que la escritura es una herramienta extraordinariamente eficaz para la sanación emocional. No solo ayuda a liberar emociones reprimidas, sino que también aporta una mejoría observable a nivel de salud física. Las personas que participaron en sus estudios y escribieron sobre temas emocionales enquistados mostraron una disminución significativa en sus síntomas de salud y aumentaron su sistema inmunológico.

Por eso la escritura es tan terapéutica. Así que, ahora, busca un cuaderno bonito. Uno que sea bonito de verdad, que te transmita grandes sensaciones y te motive a escribir en él, y comienza a usarlo todos los días. Al igual que muchas personas consideran sus teléfonos móviles como extensiones de sí mismas, tu diario también debe serlo. De hecho, es una herramienta muy poderosa para tu crecimiento personal, tanto que puede mejorar tu vida.

Algunas sugerencias para llevar un diario:

- Cuando te sientas inquieta o preocupada, usa tu diario para expresar lo que sientes. Pregunta en tu diario: «¿Qué me preocupa? ¿Qué me incomoda? ¿Qué me asusta?». Escribe tus pensamientos y miedos sin filtro. Esto te permitirá detectar tus emociones y, al leer las narrativas mentales que se están activando, podrás actuar a tu favor y encontrar nuevas perspectivas o soluciones.

- Si tienes una idea que necesitas desglosar o entender mejor, escribe sobre ella en tu diario. Esto te ayudará a organizar tus pensamientos y a encontrar claridad.

- Escribe sobre los traumas del pasado, sobre tus relaciones, sobre tus sueños, sobre tus metas y aspiraciones.

- Explora la escritura creativa, experimenta el placer de expresar sin mente, sin juicios, fluyendo desde tu intuición y tu imaginación.

- Revisa a menudo lo que has escrito para observar tu progreso y los cambios en tu forma de pensar y sentir, y pon atención a lo que te gustaría mantener o cambiar.

- Comienza cada entrada con la fecha actual y, si es relevante, el lugar donde te encuentras. Esto te dará un contexto y más perspectiva cuando revises tus entradas anteriores.

- No temas mezclar diferentes tipos de contenido en tu diario. Puede ser una combinación de reflexiones personales, ideas de proyectos, citas inspiradoras, incluso dibujos. Es un reflejo de ti misma, llénalo de ti.

- Recuerda que tu diario es un espacio personal y privado. No tienes que preocuparte por la perfección, borra, tacha, recorta, haz lo que necesites y sientas.

Ejercicio de escritura terapéutica: La descarga

Los niños pequeños tienen crisis de descarga que los padres llamamos *rabietas*. Son momentos que necesitan para liberar tensiones y exteriorizar sus emociones que están relacionados con el desarrollo de su cerebro.

Como adulta, también necesitas estas descargas, muy especialmente si de niña has crecido en un entorno controlador y restrictivo donde no se te permitía expresarte.

Estas descargas se pueden hacer físicamente (a través de movimiento corporal: gritar, bailar, correr, golpear un saco de boxeo...) o por escrito, lo cual es muy efectivo.

Necesitarás:

- Un diario.
- Tiempo para ti a solas, sin interrupciones.

Paso a paso:

- Al menos una vez a la semana dedícate una minicita contigo y escribe en tu diario lo que necesitas expresar. Escribe todo lo que te bloquea, lo que te enfada, lo que no te conviene...
- Escríbelo todo, sin juzgar y sin guardarte nada.
- Hazlo hasta que te sientas mejor, más ligera y alegre.
- Puedes hacerlo cada vez que lo necesites.

(2) Medita como si no hubiera un mañana

¿Quieres gestionar mejor situaciones estresantes, que te preocupan o te ponen nerviosa, y afrontar los desafíos con calma y paz mental? Medita.

¿Quieres vivir con mayor consciencia y plenitud cada instante, conectándote más con el presente, disfrutando de los pequeños detalles y encontrando belleza y gozo en lo cotidiano? Medita.

¿Quieres enfocarte plenamente en tus actividades, liberándote del estrés de una mente distraída? Medita.

¿Quieres disfrutar más de la vida y saborear la verdadera felicidad, aprendiendo a fluir con los cambios e integrando todas las partes de tu ser? Medita.

¿Quieres experimentar más energía y vitalidad en tu día a día? Medita.

La meditación es quizá el secreto mejor guardado de la historia de la humanidad. Es una práctica experiencial que te permite llegar a conocerte a ti misma profundamente y ser libre de tus propias barreras mentales y emocionales. A medida que meditas y te conectas contigo misma, descubres tus fortalezas, debilidades, deseos y sueños más profundos. Te conoces en un nivel más auténtico y te empoderas mucho más para vivir una vida plena y significativa.

Meditar se trata de focalizar toda tu atención en el momento presente, con absoluta consciencia y presencia, y aprender a observarlo. Es ver cómo fluye la vida a través de ti, lo que te lleva a conocerte a ti misma, a conocer, manejar y expandir todas tus partes (cuerpo, mente y espíritu) para destapar el ser auténtico. Te permite cuidar y purificar la mente de capas superficiales (preocupaciones, estrés, distracciones...), quitando todo lo que no es, para descubrir lo que sí es.

Según el lama Rinchen Gyaltsen, la meditación es el proceso en el que voluntariamente generamos, nos familiarizamos e integramos un estado virtuoso en nuestra mente.

Lo mejor es que con la meditación vas accediendo cada vez más a ese estado que después se va asentando en tu mente para formar parte de tu ser en el día a día.

Recuerda esto: Todos los minutos dedicados a la meditación siempre actúan a tu favor, por lo que es una práctica sin riesgo que puede aportarte muchísimos beneficios en tu vida.

Método para comenzar a meditar

En los primeros pasos en la meditación, pasamos por dos etapas importantes e imprescindibles para poder ir llegando cada vez más a capas más profundas de la consciencia.

La primera **etapa básica sería aprender a relajar** conscientemente todos los músculos del cuerpo. Se trata de ayudar al cuerpo a que se destense y se calme mientras mantienes tu atención muy activa al ir recorriendo todas las partes del cuerpo. Puedes comenzar llevando tu atención a la cabeza (cara, mandíbula, cuello) y vas bajando haciendo un recorrido por cada una de tus partes (hombros, brazos, manos, dedos, pecho...), llevando la atención ahí y relajando cada parte. Este proceso lo puedes ir acompañando con la respiración consciente, sintiendo que llevas aire limpio y puro a cada parte del cuerpo al inhalar, y al exhalar sacas fuera tensión, estrés y preocupación.

Una vez que has relajado todo el cuerpo, el siguiente paso básico es **aprender a concentrar tu atención**. Para ello, puedes centrar la atención en un punto específico del cuerpo (por ejemplo, debajo de los orificios nasales) y vas observando qué ocurre en ese punto haciéndote la pregunta constante de: ¿Qué está ocurriendo en el momento presente en esta zona? ¿Qué información puedo obtener si me concentro más en este punto?

Al ir aumentando la percepción, vas quitando capas y capas, y obtienes más información del momento presente, llegando cada vez más a estados ampliados de consciencia.

Para meditar, podemos utilizar herramientas que nos apoyen en la práctica de conexión y concentración y que nos sirvan como anclajes, desde ejercicios específicos de respiración, mantras, mudras, frecuencias armónicas o visualizaciones, hasta apoyos energéticos, como cristales o aromaterapia...

Técnica sencilla de meditación a través de la conexión con la unidad

Esta sencilla técnica trata de conectar con la unidad a través de conectar con tu corazón, que a su vez está conectado con el movimiento de expansión y concentración en el que se mueve todo el universo, los dos movimientos básicos que conforman el ritmo de la vida, el llamado *pulso cósmico*.

A través de conectar con este ritmo puedes armonizarte en cualquier momento; puedes conectar con tu tiempo real, con tu centro, y conectar también con todo lo que existe, porque todo el universo se mueve en base a este ritmo de expansión y concentración, en base a este movimiento de la existencia.

Vas a aprender a conectar con tu corazón de una manera muy simple y fácil. ¡Simplemente parándote a sentir el latido de tu corazón! ¿Cómo?

A través de tu pulso.

Paso a paso:

- Busca un momento del día en un sitio tranquilo en el que puedas permanecer en silencio y nadie te moleste durante unos minutos.

- Comienza encontrando tu pulso para poder conectarte directamente con el latido de tu corazón. Para ello, haz un puño, con una de tus dos manos, la que tú elijas. Cuando tengas el puño hecho, estira los dedos anular e índice y júntalos entre sí. Ahora coloca tus dedos anular e índice sobre la muñeca de tu otro brazo, cerca del dedo pulgar, justo donde termina la mano y comienza la muñeca. También puedes encontrar tu pulso muy fácilmente en el cuello.

- Una vez hayas encontrado tu pulso:

  - Cierra los ojos.

  - Conéctate con el flujo de tu respiración, con la entrada y salida de aire de tu cuerpo.

  - Y siente el ritmo de tu corazón.

- ¿Lo sientes? Permanece unos minutos conectándote con el latido de tu corazón. Disfruta.

(3) «Los círculos de mujeres salvan mujeres»

Esa frase no es mía, me la dijo Alejandra, una de las mujeres que se ha certificado como Guía de Círculos con mi metodología holística, uno de mis proyectos que nacen de mi propia madre interna y de entender que no tenemos que hacerlo todo solas, necesitamos poder contar con una tribu.

Es fácil comprobar que una madre sola a cargo de un niño pequeño durante todo el día puede sentir que se vuelve medio loca. Pero dos madres a cargo de varios niños durante todo el día pueden pasar un día maravilloso. Dos mujeres ya crean un círculo de apoyo. El poder de las mujeres reunidas y apoyándose es inconmensurable.

Muchas veces, el proceso de transformarnos en nuestra propia madre interna puede llevarnos a sentir que debemos ser totalmente independientes, fuertes y resilientes, y acabamos atrapadas en la autoexigencia y en el tratar de llegar a todo. Bien, esto no es saludable, ni debe ser un camino tan solitario. Tienes que salir ahí fuera y encontrar tu tribu, tu círculo. El camino de sanación también implica aprender a pedir ayuda, ser sostenida y acompañada. Repito: no tienes por qué hacerlo todo tú sola.

Un círculo de mujeres es un espacio sagrado y seguro:

- De encuentro hacia una misma y también hacia las demás.
- De conexión profunda.
- De ritual.
- De expresión auténtica.
- De cocreación, colaboración e igualdad, sin jerarquías.
- De empoderamiento, sabiduría y liderazgo femenino.
- De despertar, de sanación, de evolución y de transformación individual y colectiva.

Jean Shinoda Bolen, autora de *El millonésimo círculo*, predice que, cuando tengamos un millón de círculos en el mundo, pasaremos de una sociedad patriarcal a una basada en la igualdad. Porque el círculo es lo opuesto al patriarcado: es la igualdad.

Los círculos de mujeres son un instrumento para redescubrir el poder que vive dentro de cada mujer, su sabiduría, su fuerza, su potencial, su capacidad de diseñar y crear la realidad que desea para sí misma y para su mundo.

Cuando las mujeres se reúnen en un espacio sagrado de ritual, la magia de la transformación colectiva comienza a suceder. Y esto es así porque:

- Cuando las mujeres nos reunimos en círculo, nos transformamos a nosotras mismas y a las demás, porque en el círculo todas somos espejo y resonancia.
- Cuando nos transformamos, sanamos a nuestra niña interior y despertamos nuestro poder femenino, y traemos una nueva consciencia a nuestras familias y a nuestras comunidades.

- Cuando nuestras familias y comunidades se vuelven más conscientes, cambiamos la sociedad.

Esto lo experimenté yo misma cuando me convertí en madre por primera vez, y lo he observado en cientos de mujeres... A medida que más y más mujeres despiertan, comienzan a sanar sus heridas y asumen su responsabilidad y capacidad de liderar sus vidas, se ponen en acción desde su verdad y sienten una fuerte atracción por estar en círculo con otras mujeres.

Hoy en día estamos recuperando sutilmente el respeto hacia la feminidad sagrada, y se comienza a reclamar la importancia de la vida femenina desde referentes no masculinos, para sanar las heridas provocadas por el patriarcado y la dominación y represión que ha sufrido nuestro linaje femenino, de cuyas consecuencias somos portadoras. Por eso, comienzan a surgir y a recuperarse los círculos de mujeres como espacios de bienestar, de autocuidado y de desarrollo personal y espiritual.

El tiempo es ahora. Sal ahí fuera y encuentra tu círculo. Y si no lo encuentras, toma las riendas y activa el tuyo, como han hecho cientos de mujeres en mi Instituto, que ya son activadoras de círculos de mujeres.

(4) Incorpora la higiene energética en tu vida

Decía el yogui Sadhguru: «Este es el momento de limpiar. Para deshacerse de todas las cosas innecesarias, no solo en tu hogar, sino también en tu mente, en tus emociones, en tu cuerpo y en tu consciencia».

Pero esa limpieza integral siempre debe comenzar por tu energía. La energía que fluye a través de tu cuerpo puede verse afectada por diversos factores internos y externos. Mantener un flujo limpio, armonioso y equilibrado de energía vital es esencial para tu bienestar físico, mental, emocional y espiritual.

Además, tu cuerpo y tu entorno están inmersos en campos energéticos. Estos campos incluyen el aura (campo energético que rodea nuestro cuerpo) y los campos energéticos de los espacios en los que vives, trabajas o interactúas. La calidad y la vibración de estos campos energéticos pueden influir en tu estado de ánimo, en tu salud y en tus niveles de energía.

Asimismo, tu energía interactúa de forma constante con la energía de otras personas, lugares y situaciones. A veces, estas interacciones pueden ser beneficiosas y positivas, o pueden drenarte y desequilibrarte. Al tomar consciencia de estas interacciones energéticas, puedes gestionar mejor tu propia energía, protegerte de influencias negativas y atender mejor todo lo que tienes que hacer.

En mi Instituto, desarrollo cursos y programas formativos completos sobre higiene energética, pero voy a compartirte ahora tres prácticas básicas, útiles y aplicables, que deberías incorporar de inmediato en tu rutina diaria:

- **Baños de agua con sal**

  Los baños de sal son una técnica milenaria de limpieza energética y su importancia radica en las propiedades únicas de la sal. La sal, especialmente la sal marina y la sal de Epsom, tiene la capacidad de absorber energías negativas, literalmente actúa como un agujero negro.

  Para preparar un baño de sal, disuelve aproximadamente un kilogramo de sal en agua caliente y sumérgete durante unos 20 a 30 minutos. La combinación del agua y la sal ayuda a limpiar tu campo energético y a relajar tu cuerpo, liberando tensiones y restaurando tu equilibrio energético.

  Para potenciar más la experiencia de limpieza, puedes añadir aceites esenciales como lavanda, salvia, incienso o eucalipto, que aportan beneficios extra de relajación y limpieza energética.

- **Visualización y limpieza energética**

  Es algo tan sencillo como dedicar unos momentos cada día, preferiblemente por la noche antes de descansar, para visualizar cómo una luz blanca o dorada que emerge desde el centro de tu pecho (como en la activación álmica que te compartía al principio del libro) te limpia y protege energéticamente.

- **Toma de tierra**

  La técnica *earthing* o *grounding* es una práctica natural que consiste en hacer contacto directo con la superficie de la

Tierra, como caminar descalza sobre césped, tierra, arena o incluso agua. El contacto físico con la Tierra permite a tu cuerpo recibir una carga de electrones naturales. Estos electrones tienen propiedades antioxidantes y antiinflamatorias y ayudan a neutralizar los radicales libres en tu cuerpo. Al incorporar el *earthing* en tu rutina diaria, puedes ayudar a tu cuerpo a restablecer su equilibrio electromagnético natural y mantenerte en un estado mental de armonía y tranquilidad. También puedes utilizar dispositivos especiales para practicarlo a diario cuando no estás en entornos naturales, como taloneras, alfombras o sábanas con conexión a la toma de tierra de tu casa.

(5) Cristales que amplifican tu poder

Algunos minerales son también llamados *cristales*, porque al desarrollarse debajo de la tierra forman una estructura cristalina, que es la configuración de los átomos y las moléculas que cada mineral adquiere por su configuración geométrica. Tienen una vibración muy alta y pueden incluso guardar información, llamada *memoria*, sobre los patrones y la vibración de la Tierra.

Los cristales se han utilizado de forma muy diversa a lo largo de la historia, y están documentados y presentes en textos tan antiguos como la Biblia o el Corán. Se utilizan para acompañar procesos de sanación y limpieza, y para ayudar a equilibrar la energía y los chakras de las personas. Puedes colocarlos en tus espacios o llevarlos contigo.

La mayoría de los cristales funcionan como protección de la energía más densa, pero siempre es muy importante limpiarlos y programarlos cada vez que los quieras utilizar.

Programar o consagrar un cristal es darle la intención que deseas para que ejerza sus propiedades enfocado hacia ese objetivo. Se puede hacer de forma muy sencilla: sostener el cristal en tus manos, acercarlo a tu corazón, cerrar los ojos y enviarle tu intención.

Una vez programado, lo colocas en el lugar que has elegido para que comience a trabajar.

Eso sí, antes de programarlos **es muy importante limpiarlos**. A continuación, encontrarás algunas formas fáciles para hacerlo:

- **Agua con sal**

  Puedes limpiar tu cristal sumergiéndolo en agua mineral con sal por unos minutos, también en el mar.

- **Infusión de salvia**

  Los minerales de dureza más blanda se pueden sumergir para su limpieza en una infusión de salvia durante un mínimo de una hora. La salvia es un método de purificación y recarga utilizado por hombres y mujeres medicina americanos, quienes consideraban esta planta como una planta de poder con gran fuerza solar. A nivel energético, constituye un gran refuerzo áurico para los cristales.

- **Agua y miel**

  Una manera maravillosa y especial de cargar los cuarzos es sumergirlos en agua a la que se le añade una cucharada sopera de miel. Diluimos la miel en el agua, sumergimos los cristales y los dejamos toda la noche para que se impregnen de esta amorosa y vital energía que es la miel. Después, se pueden secar con un paño de algodón uno por uno.

- **Tierra**

  Una o dos veces al año, puedes comprar tierra para macetas, rica en humus, y enterrar en ella tus minerales varios días seguidos (al menos siete días) para que reciban las vibraciones solares/lunares de cada uno de los días de la semana.

- **Palo santo, incienso o salvia**

  Quema palo santo, incienso o salvia seca y deja que su humo cubra el cristal. Pon la intención que con ese humo se limpie tu cristal. Después, puedes situarlo en un triángulo energético formado por tres velas blancas encendidas.

- **Luz solar**

  Periódicamente, debes recargar tus cristales con la luz solar.

Colócalos sobre bandejas o platos de vidrio, porcelana o barro (no metálicos) y sácalos al exterior un día entero para que se impregnen de la energía diurna, sin importar que esté nublado.

Nota: Es muy importante que los cristales que utilices a nivel personal (llevándolos encima) o en tus espacios o rituales sean limpiados, purificados y energizados con frecuencia.

Los cristales más comunes para reforzar y proteger tu energía son:

Cuarzo

El cuarzo y sus variantes tienen una propiedad muy especial, la propiedad piezoeléctrica, lo que significa que son capaces de transportar un impulso eléctrico. Es decir, si le transmites, por ejemplo, una intención a través de tu energía de las manos y también del pensamiento, la van expandir energéticamente. Además, esta propiedad les permite mantener una resonancia armónica regular, y por eso se utilizan para fabricar relojes digitales.

Los cuarzos son muy fáciles de utilizar: simplemente los puedes colocar en las esquinas de la estancia que quieras armonizar y solo con eso te ayudarán a mantener alta la vibración de la energía de ese espacio. Los que más te recomiendo para esa función son:

- ### Cuarzo ahumado

  La vibración de los cuarzos ahumados es muy alta, y es de Tierra. Esta piedra es buena para centrarte y limpiar tu aura y energía. Se utiliza para protección, ya que también puede bloquear energía electromagnética y desintoxicar el cuerpo. Te ayudará a dejar atrás cualquier cosa que ya no te sirve, así como a activar el chakra raíz.

- ### Cuarzo transparente

  El cuarzo transparente es un cristal que sirve para limpiar tu aura y balancear la energía. Es un cristal básico para la sanación, ya que limpia y repara el aura, irradia energía al cuerpo, estimula el sistema inmune, limpia el cuerpo a nivel físico y espiritual, disuelve el karma y amplifica la intuición.

Amatista

La amatista es una piedra maestra, un cristal altamente protector y con una vibración muy alta. Este cristal posee altos poderes de sanación y limpieza, además de que proporciona energía, estabiliza las tormentas emocionales, eleva las esperanzas, aleja la culpa y evita el autoengaño.

Selenita

La selenita te ayuda a conectarte con la consciencia y la guía divina. Su vibración y su poder de limpieza son tan altos que es de las pocas piedras que no necesitan limpieza, se limpian por sí solas.

Turmalina negra

La turmalina es buena para mantener lejos la energía de baja vibración. Es uno de los minerales más protectores, ya que logra crear un campo de protección alrededor de tu aura. Es un buen cristal para cuidarte en tu día a día o para utilizar en tus complementos de joyería.

Shungit

Este mineral no se carga nunca y no necesita ninguna limpieza. Es capaz de proteger nuestro cuerpo y nuestra mente de energías nocivas. Además, crea una barrera protectora que evita el acercamiento de energías negativas externas y purifica los espacios y los cuerpos sutiles.

(6) Corte de lazos energéticos

El corte de lazos energéticos permite liberarte de conexiones no saludables o desequilibradas con otras personas. Es muy importante desvincularse de los lazos negativos, que te desvitalizan y se nutren de tu energía, con las personas que interactúas cada día (ya sean familiares, compañeros de trabajo, clientes...). Cuando acabes la jornada, haz una limpieza y un corte de lazos antes de irte a dormir.

Hay varios modos de desvincularnos de las personas. Voy a explicarte dos maneras muy fáciles que no requieren testar ni sentir la energía del lazo o cordón, y que deberías integrar en tu vida cuanto antes:

- A través del pensamiento y decretos

  Desde tu intención, ordenas a tu cuerpo energético que se desvincule de todos los lazos energéticos negativos con las personas que has interactuado durante el día.

  Recuerda que la energía va donde va la intención, por lo que, si lo piensas con certeza y sin dudar, así se hará.

- Ejercicio de psicomagia

  Escribe en una columna los nombres de las personas con las que quieres cortar el lazo o cordón energético.

  Delante de la columna, escribe tu nombre y dibuja con una línea los distintos cordones que te unen a esas personas. Lo más efectivo es cortar el papel con unas tijeras para cortar los lazos, de modo que quede un trozo con la columna de nombres y otro trozo con el tuyo. Mientras lo haces, puedes visualizar y decretar que se está realizando el corte de los lazos energéticos.

(7) La palabra mágica que empieza por G

Gratitud significa *dar las gracias desde el corazón.* Cuando agradeces, la energía fluye desde el corazón y activa ciertas respuestas en otras personas y en todo el universo.

La gratitud es uno de los sentimientos más beneficiosos que conoce el ser humano. Siendo una persona agradecida, te abres a toda la grandeza y la abundancia del universo.

La vibración de la energía tiene dos aspectos que se muestran en dos leyes físicas:

- La ley de Newton, que dice que a toda acción le corresponde siempre una reacción igual y contraria.

- La ley de la atracción, que dice que vibraciones similares se atraen como un imán.

Por tanto, cada vez que agradeces, el universo se organiza para atraer más motivos para expresar tu agradecimiento.

Cada vez que pones tu atención en los motivos por los que puedes expresar agradecimiento, te estás concentrando en lo bueno de tu vida, y tu vibración cambia. Comienzas a emitir una vibración de abundancia, y por la ley de la atracción atraes más motivos que agradecer.

Por eso en el Ho'oponopono una de las cuatro palabras que se utilizan en el mantra básico es *gracias*. Porque cada vez que decimos «gracias» estamos elevando nuestra vibración. De ahí que el doctor Ihaleakalá Hew Len, uno de los pioneros en el método Ho'oponopono de identidad propia (el método ancestral adaptado a Occidente), afirmase que si supiéramos de verdad todo lo que ocurre cada vez que decimos «gracias», no haríamos otra cosa más que decir «gracias» todo el tiempo.

Así que agradece y recibe las bendiciones del universo.

Este método de autosanación no acaba aquí, más bien comienza ahora.

El proceso HACKEAR es una invitación para que encuentres esa fórmula propia para liberarte de las cargas del pasado y conectarte con tu esencia más pura y divina, para convertirte progresivamente en quien puedes llegar a ser. Tiene el poder de transformarte, es un proceso validado que te acorta el camino. Aunque, eso sí, requiere entrenamiento y constancia. Lejos de desmotivarte por el esfuerzo que supone, úsalo como gasolina para avanzar cada día. El beneficio de aplicar estos pasos es exponencial. Sin apenas darte cuenta, cada día avanzarás de nivel y te acercarás un poquito más a tu verdadero potencial.

Así que comienza con un **protocolo intensivo de 21 días** y grábate a fuego esto:

- Honra a tu niña interior y conecta cada día con ella desde tu sacro-corazón.

- Acepta lo que ocurre en tu vida desde la mirada de la niña interior herida.

- Canaliza lo negativo en positivo con el método DOPA.

- Kambia lo que más duele y rememora.

- El perdón te libera, úsalo a tu favor.

- Automaternarte es tu nueva terapia.

- Renueva y amplifica tu energía, es tu gasolina.

Te deseo consciencia, voluntad y foco para que te conviertas en una *hacker* experta, y puedas sanar y compartir con el mundo tu versión mejorada y auténtica. Y, para aumentar un poquito más tu motivación, a continuación encontrarás un *habit tracker* de 21 días. Completa cada día el camino, con compromiso y honestidad, y al final del recorrido escanea el QR. Hay un regalo esperándote. Disfruta de *hackear*.

21 DÍAS
Protocolo intensivo
Método HACKEAR

FECHA: _____

INTENCIÓN: _____

_____

1	2	3	4	5	6	7
8	9	10	11	12	13	14
15	16	17	18	19	20	21

TÚ CREAS
TU REALIDAD

QUINTA PARTE: TÚ CREAS TU REALIDAD

Los regalos ocultos que la matrix no quiere que encuentres.

No creo en el destino porque odio pensar que no soy yo quien controla mi vida.
Neo en *Matrix*

Prince Ea es un influencer, cineasta y activista estadounidense, al que siguen varios millones de personas por sus vídeos reivindicativos y motivacionales en redes sociales. En uno de ellos, de los más impactantes, se inspiró en el poema *Si yo fuera el diablo* (una obra original de Paul Harvey, que fue escrita en 1965, y cuyas predicciones resultaron ser proféticas) y dice cosas tan crudas como:

> *Mi primera víctima serían los niños desde el momento en que salen del precioso vientre de sus madres y nacen.*
> *Los condicionaría para que vieran la división racial como algo normal y no pararía hasta haberles quitado su inocencia.*
> *Dividir y conquistar es el truco más antiguo del libro del Génesis.*
> *Y, a medida que crecieran, yo continuaría mi infiltración.*
> *Durante doce años, robaría sus corazones y sus mentes, y lo llamaría educación.*
> *Si yo fuera el diablo, mi próxima víctima serían las mujeres.*
> *Haría que hombres viejos y desfasados controlaran los cuerpos y derechos de las mujeres.*
> *¿Qué mejor manera de maldecir a Dios que faltando el respeto a las mismas portadoras de vida? [...]*

Cuando inicias un viaje de transformación personal y espiritual, como el de sanación de tu niña interior, y empiezas a mirar dentro de ti, tu forma de ver el mundo y el significado de la realidad comienzan a cambiar. Al principio puede ser más sutil, pero cuando vas avanzando, abriéndote hacia una consciencia superior, sientes el deseo de dar forma a un estilo de vida más genuino y de mucha más libertad, alineado con tu ser.

Entonces es cuando despiertas y te das de bruces con el funcionamiento de la naturaleza de la realidad, y haces consciente el panorama general de corrupción y terrible manipulación que hay detrás de los grandes paradigmas que sostiene el sistema (economía, política, educación/religión y ciencia), los que se consideran los verdaderos jinetes del apocalipsis.

Son muchas las cosmovisiones que explican que el alma humana está atrapada en esta realidad física por fuerzas regresivas, y que el propósito final es la liberación o el regreso al Espíritu. Desde la filosofía vedanta, se busca la liberación del ciclo de renacimientos (samsara) y la unión con Brahman, que sería la realidad última o el espíritu universal. El budismo enseña también sobre el samsara y el estado de liberación para dar fin al ciclo de sufrimiento (nirvana). O el gnosticismo, que viene a ser el cristianismo primitivo, pero sin la interferencia posterior de la Iglesia, y sostiene que el alma humana es divina aunque está atrapada en un mundo material creado por una deidad menor o demiurgo.

No he conocido a ninguna persona despierta que no se dé cuenta de que el sistema no favorece que las personas logren su libertad y su pleno poder; al contrario, cada vez hay más control, porque, cuanto más controlado está el ser humano, más fácil es de manipular.

Por eso, se vuelve imprescindible hacer este proceso consciente de sanación y liberación del ser.

Cuando comprendes y empiezas a liberarte de los viejos patrones, programas y condicionamientos atrapados en tu niña interior, es cuando puedes conectar plenamente con tu yo superior, con tu esencia, con quien tú eres de verdad, ese estado natural más puro y genuino.

Es desde tu yo superior que puedes alinearte y expresar tu propósito y tu vida de máximo potencial. Desde esa consciencia es que puedes ser realmente libre, y puedes enfocarte en crear la vida única que deseas ¡y que eres capaz de crear!

¿Cómo puedes conectar con tu yo superior?

A través de la conexión y la alineación de tus tres centros (los tres fuegos del espíritu: chakras del sacro, del corazón y del tercer ojo), lo que implica habitarte con presencia, ocupar todo tu espacio, toda tu capacidad creadora, todo tu valor, todo tu ser, y mantenerte en tu vibración más elevada disponible en todo momento.

Al estar en conexión contigo misma es cuando tu propósito y tus dones se revelan y puedes comenzar a ser libre. Ya no necesitas sentir la validación externa ni demostrar tu valía a nadie, y te das permiso para habitar tu vida disfrutándote, honrándote, celebrándote y amándote.

La alineación espiritual es el objetivo del viaje de transformación y despertar. Es una alineación tanto con una misma como con el universo. Es el regreso al tejido de amor que eres en esencia, donde te sientes conectada y en paz.

Y, a partir de ahí, es cuando sucede algo trascendental: conectas desde el corazón con la energía del colectivo que vive en todos los seres que habitan la Tierra y te conviertes en una portadora y transmisora del verdadero amor y la verdadera libertad que el mundo necesita en este momento.

Por eso, la perspectiva de la vida que una vez tuviste cambia de Yo a Nosotros.

¿Imaginas qué sucedería con el sistema en un mundo lleno de personas despiertas y conscientes?

Ese es el verdadero destino de la Tierra y de la humanidad.

Qué tiene que ver tu misión de vida con aquello que te pasó

Tu tiempo es limitado, no lo malgastes viviendo la vida de otro.
Tienes que encontrar aquello que amas, lo que te hace vibrar.
Sigue buscando hasta que lo encuentres. No te rindas ni te conformes.
Steve Jobs

Un tal James Watson, que es probable que no te suene de nada, estaba intentando relajarse en la playa un caluroso día de verano de 1952. Se había tomado un descanso para aclararse las ideas. Las cosas en el laboratorio no iban bien y no sabía cómo avanzar. Con la cabeza dispersa, cogió una rama de hiedra tirada en el suelo y empezó a jugar con ella en la arena. Lo que sucedió a continuación cambió la historia de la biología y la medicina para siempre.

En su mente visualizó con una claridad absoluta una forma de doble hélice, la forma que necesitaba para completar la estructura compleja que estaba estudiando. A su regreso al laboratorio de la Universidad de Leicester compartió emocionado su idea con su colega Francis Crick y, gracias al trabajo también de Rosalind Franklin, pudieron presentar su modelo de la estructura del ADN y acabaron demostrando que las proteínas que produce son las que dan lugar a las características genéticas y rasgos únicos de cada persona.

Este descubrimiento les otorgó el Premio Nobel de Fisiología y revolucionó por completo la comprensión de la genética, abriendo nuevas y apasionantes posibilidades en el campo de la medicina. Gracias a ellos es que sabemos científicamente que cada persona tiene un patrón único que la distingue de los demás. Solo que no hace falta que te diga que ese patrón único va más allá del aspecto físico. También tiene que ver con ese algo que te define de manera única y personal, lo que te hace ser quien eres y que te guía en la vida.

Los japoneses lo llaman *ikigai*. Los budistas lo llaman *dharma*. Los existencialistas lo llaman *la razón de ser*. A mí me gusta llamarlo *tu propósito de vida*.

Decía Friedrich Nietzsche: «Eres único y, sin embargo, eres como cualquier otro. ¿Por qué no encontrar ese algo único que te hace diferente de los demás?».

Encontrar tu propósito de vida puede ser una de las cosas más gratificantes y transformadoras que puedes hacer para tu mayor bien y el de todas las personas que están en tu vida. Es como encontrar la llave de una puerta que nunca has sabido cómo abrir, que te lleva a un lugar más grande, más emocionante, mejor. Cuando conectas con tu propósito, tu vida adquiere un nuevo significado, aunque para poder hacerlo, en realidad no tienes que hacer mucho, es algo que ya está integrado en ti, en tu esencia (como el ADN), es una información que viene de serie contigo.

Para despertar tu propósito simplemente debes
darte el permiso y rendirte a la energía de ser tú.

Cuando fuiste un bebé en el vientre de tu madre, no tenías que hacer nada, simplemente ser, simplemente estar. No tenías que demostrar nada, no tenías que cumplir ningún papel, simplemente ser un bebé que está desarrollándose en la vida. El propósito de vida funciona exactamente del mismo modo, siempre y cuando estés conectada con quien tú eres y vivas con autenticidad (y el proceso de sanación de tu infancia te lleva irremediablemente a que lo estés).

Desde ahí, puedes encarar tu vida con fuerza, pasión y dirección. Ya sabes, esa sensación que te hace levantarte cada día de la cama con mariposas en el estómago en lugar de un agujero de angustia y desesperación.

Pero si necesitas pistas más claras, hay algo que puede enfocarte hacia tu propósito y son las heridas y carencias de tu infancia.

Digamos que cada una de nosotras es maestra de lo que más necesita aprender en esta vida. De hecho, tenemos la capacidad de ayudar a los demás en lo que más necesitamos ayuda nosotras mismas. Esto es así porque vivimos en un plano frecuencial de dualidad, en el que siempre hay dos polos opuestos, como la luz y la oscuridad. Por tanto, para expresar tu luz y tu poder, necesitas el contraste de la oscuridad. De ahí que un copo de nieve en una ladera nevada no se distinga como único, pero el mismo copo sobre un cristal limpio sí. O la llama de una vela no tenga entidad propia en una hoguera, pero fuera sí.

Esto quiere decir que aquellas experiencias sombrías de tu infancia, que te han dado forma a tu niña interior herida, son una oportunidad de crecimiento personal y de contribución.

Cuando *hackeas* y sanas esas heridas, y comienzas a elaborarlas y liberarlas, te darás cuenta de que has aprendido y evolucionado tanto gracias a ello que no es mera casualidad que hayas tenido que vivirlo, sino que tiene relación con lo has venido a crecer y a compartir con los demás.

¿Has oído alguna vez esa frase popular de «Quien no vive para servir no sirve para vivir»? Esa frase te está dando la gran clave: el verdadero sentido del propósito es servir y contribuir a los demás.

Y, por el principio natural del mínimo esfuerzo, para poder desplegarlo, debes hacerlo sin esforzarte. Observa la naturaleza: para crecer y expandirse no tiene que esforzarse. Piensa en un árbol, un árbol que desde la semilla ya tiene toda la información del ejemplar magnífico que va a ser. Simplemente necesita un contexto y unas circunstancias que le ayuden a desplegar todo ese potencial que tiene dentro de la semilla, para convertirse en un gran árbol fuerte, alto, con muchos frutos. ¿Crees que el árbol tiene que esforzarse para ser un árbol? Por supuesto que no. La naturaleza no se esfuerza para hacer lo que tienen que hacer. Y tú has venido a hacer algo. Por eso, desde tu gestación en el vientre de tu madre, no tuviste que esforzarte para nacer en este plano. Cuando eras un bebé en el vientre de tu madre, simplemente recibías los nutrientes, el oxígeno, las condiciones óptimas para que tu cuerpo pudiera desarrollarse y nacer, pero sin esforzarte, simplemente dejándote llevar por el flujo de la vida.

Voy a ponerte un ejemplo. Imagina una persona que en su infancia sufrió una carencia en su derecho a sentir y una herida de abandono, y que, de adulta, lo que le resulta más fácil hacer y con lo que más disfruta es cocinando para los demás. Si lo analizas, es muy coherente que se dedique a la cocina profesional, porque preparar platos nutritivos, con mucho amor, con mucha belleza, es la manera natural que ha encontrado de entregar al mundo ese amor incondicional que no obtuvo siendo niña, y lo hace a través de la nutrición, los sentidos y el alimento.

No quiero decir que siempre exista una relación tan clara y directa, pero sí que es muy habitual. Ahora bien, esta tarea de conectar tu herida con tu propósito de vida tienes que hacerla tú. Es buscar dentro de ti, desde tu intuición y tu sentir, esa relación que te da sentido y te hace vibrar por dentro.

Estas preguntas de reflexión te ayudarán a crear conexiones:

- ¿Qué actividades me generan una profunda satisfacción y alegría?

- ¿Cómo podrían estas actividades estar vinculadas a mis experiencias de la infancia?

- ¿De qué manera puedo utilizar mis experiencias y heridas de la infancia para contribuir positivamente a los demás?

- ¿Qué valores fundamentales he desarrollado a partir de mis experiencias de la infancia?

- ¿Cómo se alinean estos valores con mi propósito de vida?

Activa tus dones naturales

No encontrarás pasión alguna jugando al mínimo, conformándote con una vida menor a la que eres capaz de vivir.
Nelson Mandela

En los pueblos nativos americanos, cuando los niños cumplen trece lunas (un año), son llevados a un paseo trascendental. Es un paseo que celebran los navajos, los hopis, los sioux, los cherokis y muchas otras tribus.

De la mano de sus padres o cuidadores, el niño o la niña camina por un pasillo que han formado los miembros de la comunidad. Cada uno sostiene un objeto o herramienta con un significado especial: una pluma, unas semillas, una flecha, una concha, una piedra... Es el llamado «Paseo del Don» o «Gift Walk», que varios antropólogos han documentado desde el siglo pasado.

Cuando el niño comienza a caminar en ese pasillo, se le permite detenerse y elegir uno o varios objetos que le llamen la atención. Entonces empieza la fiesta, celebran con cantos y danzas su elección, pues consideran que es un indicador de sus dones y talentos naturales. Estos dones no solo los consideran una bendición personal o una expresión de la divinidad que van a alentar mientras crezca, sino que los entienden como una forma de contribuir al bienestar y la armonía de toda la comunidad.

Imagino que alguna vez has conocido a alguien que tiene un talento natural para hacer lo que hace, que trabaja disfrutando, sin esfuerzo, con alegría y ligereza. Cuando conocemos a alguien que ama lo que hace, pensamos que es muy afortunado, porque sabemos que eso implica vivir una vida plena.

Tu esencia te pide expansión, crecimiento para tu propósito de vida y tu contribución, y para ello te ha dotado con algunos dones y talentos que puedes poner al servicio del mundo.

Los talentos que necesitas para arrancar y comenzar a vivir en tu propósito, en realidad, ya los tienes, ya están integrados en ti porque la vida ya te los dio. El primer paso es reconocerlos y después ponerlos en funcionamiento cuanto antes, porque los talentos que no se utilizan acaban desvitalizándose.

Y te lo voy a explicar con la sartén de migas. No sé si has comido migas alguna vez en tu vida. Yo vengo de un linaje de familia de Granada en Andalucía y en mi familia se suelen preparar migas. Mi marido es murciano, y en su familia también, supongo que es algo muy español. En todo caso, todas las familias que cocinan migas saben que hay una sartén que es para hacer migas y que cuanto más se utiliza esa sartén, más ricas están y más buenas salen. En cambio, si tienes una sartén y la dejas un año colgada en una despensa y después te pones un día a hacer migas, el plato no puede quedar tan rico, porque la sartén cuanto más la usas, hace que más ricas estén esas migas. Con los dones sucede exactamente lo mismo. Cuando no los utilizas se acaban anulando y cuanto más los utilizas, más se expanden y crecen. Por eso debes reconocerlos y activarlos cuanto antes.

Una cosa esencial que debes saber de tus talentos es que los recibes en potencia, no en acción. Es decir, que para que se puedan convertir en acciones concretas, que te permitan poder crear y poder hacer y conseguir cosas, tienes que trabajarlos, tienes que ponerlos en marcha.

Y puede que me digas: ¿Cómo empiezo a descubrirlos?

Debes tener en cuenta, antes de nada, las características más importantes que definen un talento, que son cinco y son estas:

1. El talento es innato y forma parte integral de ti desde la infancia. Está integrado en tu energía natural.

2. Llevarlo a la práctica es fácil y no requiere un esfuerzo significativo. Tienes una habilidad natural para hacerlo bien, casi sin esfuerzo.

3. Lo puedes expresar en diferentes situaciones y momentos. No es algo esporádico, sino una habilidad que se manifiesta de manera constante y confiable.

4. La práctica del talento produce gozo y satisfacción. Cuando estás desarrollándolo, el tiempo pasa muy rápido, sin que te des cuenta.

5. Los demás reconocen y valoran este talento en ti. Es una habilidad o característica que otros ven y aprecian.

Es decir, un talento es una capacidad que se expresa de forma natural, sin esfuerzo, en cualquier situación, que te gusta practicar y es visible para los demás.

En mis talleres y formaciones sobre el propósito de vida, suelo definir nueve talentos principales, que son los siguientes:

- **Talento artístico:** capacidad natural para crear y expresar ideas y emociones a través de medios artísticos como la pintura, la música, la danza, la escritura o la actuación.

- **Talento científico:** habilidad para comprender y aplicar conceptos científicos y matemáticos, de lógica, razonamiento, hipótesis...

- **Talento de comunicación:** capacidad excepcional para transmitir ideas, pensamientos y emociones de manera clara, efectiva y magnética, por cualquier medio.

- **Talento social y de habilidades interpersonales:** habilidad para entender, conectar y trabajar bien con otras personas, facilitando la cooperación, la resolución de conflictos y la creación de relaciones sólidas y positivas.

- **Talento místico:** capacidad de comprender y explorar aspectos espirituales o trascendentales de la existencia, a menudo manifestándose en una profunda intuición, percepciones extrasensoriales o una conexión especial con lo espiritual.

- **Talento para técnicas manuales:** habilidad para realizar trabajos que requieren destreza manual, como artesanía, carpintería, mecánica, entre otros.

- **Talento deportivo o físico:** capacidad natural para actividades físicas y deportivas, incluyendo habilidades como la fuerza, la velocidad, la agilidad, la coordinación y la resistencia.

- **Talento de creación de alegría:** habilidad especial para traer felicidad, risas y positividad a los demás, a menudo a través del humor, la creatividad o la capacidad de levantar el ánimo en situaciones difíciles.

- **Talento de diseño:** capacidad para visualizar y crear diseños, proyectos y sistemas en cualquier ámbito y bajarlos de la idea a la estructura.

Como los talentos están integrados en ti desde que naciste, puedes reconocerlos simplemente a través de un proceso de indagación personal en tu infancia. Para que puedas hacerlo ahora mismo, te dejo algunas pistas de exploración (es muy importante que registres las respuestas por escrito).

Espacio de exploración interna

- ¿Qué tipo de cumplidos recibías a menudo cuando eras niña?

- ¿En qué momentos o circunstancias la gente tendía a elogiarte?

- Piensa en tus recuerdos de la infancia. ¿En qué actividades o situaciones destacabas?

- ¿Qué habilidades o cualidades te hacían sobresalir en el colegio, en casa o en actividades extracurriculares?

- ¿En qué decían tus familiares y maestros que eras especialmente buena?

- ¿Hay algún talento o habilidad que tus seres queridos siempre esperaban que mostrases en reuniones o eventos?

- ¿Cuáles eran tus actividades favoritas de niña? ¿En qué momentos te sentías más feliz o satisfecha?

- ¿Había algo que siempre elegías hacer en tu tiempo libre?

- ¿Había algo que te resultaba sorprendentemente fácil hacer comparado con tus amigos o compañeros?

- ¿En qué tipo de tareas o juegos te sentías naturalmente competente?

- Piensa en los momentos más felices de tu infancia. ¿Qué estabas haciendo en esos recuerdos?

- ¿Hay alguna habilidad o interés de tu niñez que aún resuene en ti hoy?

Volviendo al listado de logros y éxitos que hiciste en tu línea de vida (en la primera parte del libro), busca el punto en común de todos esos éxitos.

- ¿Qué similitudes encuentras entre estos logros?

- ¿Hay habilidades o intereses comunes que destaquen?

- ¿Cómo se relacionan estos logros con tus intereses actuales o tus actividades preferidas?

No olvides mirarte al espejo

Existe una ley no escrita, pero muy poderosa para el autoconocimiento, que muchos autores (como la terapeuta Marta Salvat en su libro *Tú eres yo*) definen como la ley del espejo.

Esta ley explica que nuestras reacciones emocionales hacia otras personas son reflejo de nuestras propias características internas, tanto positivas como negativas.

Es decir, cuando reaccionamos de forma emocionalmente significativa a una característica de otra persona, ya sea positiva o negativa, estamos viendo aspectos de nosotras mismas que no hemos reconocido, aceptado o integrado plenamente.

En el ámbito terapéutico se suele utilizar como una herramienta para explorar los aspectos negativos que no reconocemos y enviamos a la sombra, pero también es muy útil para reconocer los talentos naturales propios, ya que, si admiras profundamente una cualidad en alguien, lo que en realidad estás apreciando es una capacidad latente similar en ti misma.

Te propongo un ejercicio:

- Haz un listado de cinco a diez personas que admiras profundamente. Pueden ser personas cercanas a ti, figuras públicas, personajes históricos, etc.

- Para cada persona en tu lista, escribe las cualidades específicas o talentos que admiras profundamente en ella.

- Analiza los talentos que más se repiten y observa cómo los estás manifestando en tu vida, aunque sea de manera incipiente.

Escríbelo aquí:

Finalmente, con toda la información que has recogido sobre tus talentos, ¿cuáles consideras que son tus dos talentos principales?

Descubre el ecotono de tus talentos

En la ecología, se reconoce que las zonas limítrofes o de transición entre dos ecosistemas diferentes, conocidas como *ecotonos*, son las áreas de más alta biodiversidad del planeta. Esto se debe a que en estos ecotonos se encuentran especies provenientes de ambos ecosistemas, además de las especies que están adaptadas específicamente a las condiciones del área de transición. Un buen ejemplo es el ecotono amazónico, donde confluyen la selva amazónica (una sabana tropical) y el Pantanal (el humedal más grande del mundo) y que alberga miles de especies de plantas y animales endémicas de esa región.

En el caso de tus talentos principales, sucede exactamente lo mismo: crean una sinergia extraordinaria con un potencial único relacionado con tu propósito de vida, y eso es muy revelador.

Presta atención a esto:

Tu propósito de máximo potencial siempre se va a encontrar en el punto en el que puedes unir tus dos talentos principales.

Te pongo algunos ejemplos:

- Una persona con talento artístico y místico que diseña oráculos de sanación.
- Una persona con talento de comunicación y creación de alegría que es monologuista.
- Una persona con talento social y de diseño que desarrolla proyectos de inserción sociolaboral.

Sabiendo esto, la pregunta que debes hacer ahora es:

¿Cómo puedes combinar tus talentos únicos para crear una sinergia que no solo impulse tu propósito, sino que también deje una huella positiva en el mundo?

Más allá de esta vida y el propósito final

Somos un círculo dentro de un círculo, sin principio ni final.
Canción popular nativa americana

Para abordar la parte final de este libro y crear tu mejor futuro, voy a explicarte algo que muy pocas personas conocen sobre la naturaleza de la realidad.

Las antiguas civilizaciones ya sabían que hay un patrón de todo lo que existe en el universo, incluso en las cosas intangibles. Conocían que el universo es geométrico y es fractal, y por eso encontramos las mismas proporciones geométricas, ratios y medidas en toda la creación, ya sea en los seres vivos, en la música, en el lenguaje, en el arte o en el mismo movimiento del cosmos.

Aunque la palabra *geometría* significa literalmente *medición de la Tierra*, puesto que deriva de las palabras griegas *geo*, que significa *Tierra*, y *metron*, que significa *medida*, Platón definía la geometría como *el lenguaje del alma*.

Es como si, en esencia, todos los componentes fuesen los mismos, siguiendo las mismas reglas y repitiendo los mismos patrones, lo que a diferente escala. Esto es un concepto que la ciencia define como fractalidad. Las leyes que rigen un átomo existen de igual modo en el macrocosmos en el que giran los planetas, todo se repite a diferente escala, todo es fractal.

Por eso decimos que las formas de geometría básicas son códigos que guardan un profundo significado metafísico. Ofrecen, para quien desee observarlo, mucha información sobre la base y el propósito de toda la creación, y demuestran que el cosmos se creó de acuerdo con un plan geométrico específico. Solo tienes que mirar con un poco de atención y te darás cuenta de que nuestro plano material se revela a través de patrones, frecuencias, proporciones y formas, presentes en la naturaleza, en la ciencia, en la música, en las matemáticas, en el arte y en el mundo físico que nos rodea. La 3D. La matrix.

Las formas geométricas repetitivas a diferentes escalas, los fractales, aparecen en los copos de nieve y en los cristales de hielo, en los helechos, en el brócoli o en las cordilleras. El conocido mandala de la Flor de la Vida, que está presente en muchos templos sagrados del mundo, se puede contemplar también en semillas y flores de frutas, las colmenas tienen forma de hexágonos... Son solo algunos ejemplos de geometría que puedes observar fácilmente.

Incluso tú eres también geometría: tus células, tus tejidos, la estructura de tu ADN..., todo tu cuerpo está lleno de formas y patrones geométricos que se repiten y que siguen unas reglas, aportando orden y coherencia en este plano existencial de materia.

Por tanto, los patrones de geometría son, como explica Marta Povo en su libro *Geometría y luz*, las pautas básicas con las que se mueve el supraconsciente colectivo de la humanidad, unificada en un solo espíritu. Es decir, podemos considerar que existe una especie de tejido holográmico y geométrico que sostiene toda la creación en este plano físico y donde cada ser está inserto dentro del campo unificado. Es un tejido que rige la vida en la Tierra y la expansión y contracción de los organismos.

¿Qué tiene que ver esto con tu niña interior y tu poder? Mucho, y enseguida vas a comprenderlo.

Si has llegado hasta aquí, ya has visto que todo lo que has vivido desde tu infancia, y la huella que ha dejado en tu psique, formaba parte de un proceso evolutivo de luces y sombras que te ha llevado a ser la persona que eres hoy. Pero que, en realidad, tu niña interior tiene acceso a un potencial mucho más grande y elevado del que solo has podido desplegar una parte, quizá muy pequeña.

Al aumentar tu nivel de autoconocimiento y consciencia (al leer este libro lo estás haciendo), ya estás dando un gran paso para comenzar a liberar ese potencial en tu vida, pero no es tan fácil, porque tomar las riendas, mejorar y cambiar cuesta. Parece que, cuando tomamos una decisión y nos proponemos cambiar un viejo patrón o incorporar un nuevo hábito, hubiese algo poderoso, una fuerza invisible, que esté actuando y nos lo impide.

Esto es algo más literal de lo que crees.

A poco que estudies la geometría sagrada y cómo funciona este paradigma frecuencial de energía y vibración, descubrirás un principio universal que nos está retando todo el tiempo. Es lo que el maestro espiritual armenio Georges Ivanovich Gurdjieff definía como la ley del siete o la ley de las octavas.

Para comprenderlo de un modo fácil, imagina ahora un punto. Es un punto que comienza a desplazarse haciendo un movimiento circular. Seguro que recuerdas que, en el colegio, cuando usabas un compás podías completar un círculo justo en el momento en el que ese punto había recorrido un ángulo de 360º y llegaba de nuevo al punto de inicio.

Pues bien, esto mismo es lo que ocurre cuando te propones avanzar en una dirección al hacer un cambio. Lo intentas, le pones intención y ganas, pero lo que pasa es que transcurre el tiempo y ya estás de nuevo en el mismo punto de inicio. Es algo que sucede en cualquier ámbito de la vida: cuando quieres adelgazar, mejorar tu relación de pareja, desarrollar un proyecto…, te lo propones, lo intentas, haces un cambio pero, al poco, estás en las mismas.

Lo que has hecho ahí es trazar lo que se denomina un *círculo de recurrencia*, algo que repites una y otra vez, como en bucle.

Ahora piensa en una concha de *Nautilus pompilius*. Fíjate qué curioso, tiene una forma de espiral que coincide exactamente con la secuencia matemática de Fibonacci (esa que va creciendo a partir de sumar los dos números anteriores: 0+1+1+2+3+5+8+13+21+34+55+89+144+233…).

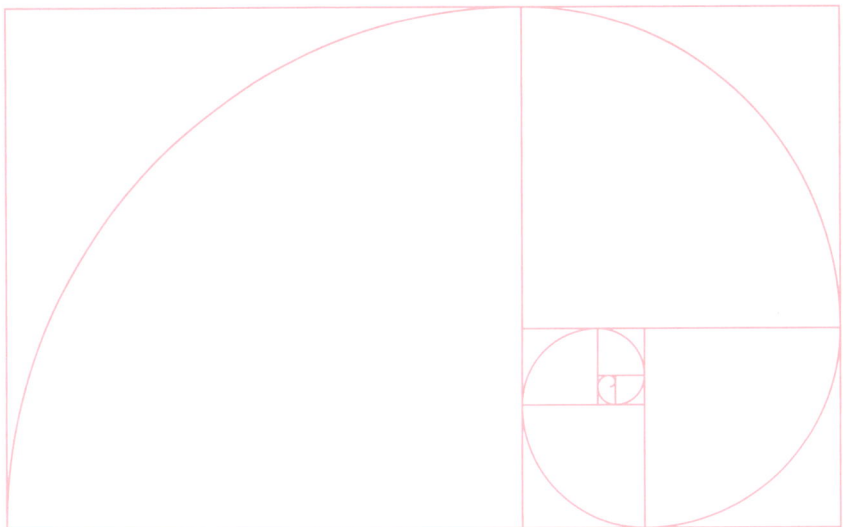

En realidad es un punto que empieza a moverse, solo que, cuando parece que va a trazar un círculo, justo en ese instante hace un movimiento más abierto, como si recibiera un choque energético que le permite subir de frecuencia y, en lugar de trazar un círculo, lo que hace es trazar una espiral. Una espiral que sigue creciendo y creciendo de forma infinita. En la escala musical (do-re-mi-fa-sol-la-si) sucede algo muy parecido: puedes recorrer la escala y volver al inicio, al do (haciendo un círculo de recurrencia), o subir una octava en el último semitono, y entonces alcanzas un nuevo do, pero no es el mismo, está en un tono más alto, ha crecido.

Ahí lo tienes. Esa es la manera en la que funciona tu infinito potencial, y estás aquí, en esta experiencia de vida, para hacerlo crecer, expandirlo y convertirte en una espiral.

¿Cómo? Al vivir de manera consciente y coherente en conexión contigo misma, escuchando y cuidando a tu niña interior, alejándote de lo que te reste, recordando tu propósito, desarrollando tus dones naturales, creando relaciones auténticas con personas que te eleven y te den energía, explorando nuevas posibilidades que te brinden oportunidades que te motiven, expandiendo tu mente, retándote, superándote, subiendo de frecuencia, siendo una espiral.

Ahí es cuando se produce una expansión de la consciencia mucho mayor que lo que has vivido hasta ahora, te abres a la comprensión espiritual y la claridad. Empiezas a entender el para qué de las cosas que suceden en tu vida y en el mundo, encuentras las piezas que faltaban en el puzle y asumes tu responsabilidad como creadora. Comienzas a comprender por qué todos los grandes líderes espirituales de la historia siempre dicen que el amor es el principio fundamental de la vida.

Entonces te descubres siendo tu propia guía y maestra interna. Ahora ya puedes tomar la responsabilidad completa de tu ser, puedes atenderte y sanarte, y eso, sin que te des cuenta, te conduce a sentir que sí, que ya estás preparada también para poder ofrecer tu propia medicina a los demás. Esa idea loca que tu niña interior te estaba insinuando todo el tiempo es tu verdadero destino.

Porque, en el fondo de tu ser, comprendes que la verdadera plenitud solo llega cuando pones tus dones y talentos al servicio del colectivo, contribuyendo a la evolución armónica del planeta y de la humanidad.

El auténtico viaje de la transformación personal y espiritual no solo te lleva a convertirte en tu propia maestra, sino también a ser un faro para los demás, porque la vida se trata de amar.

Que puedas expresar todo el amor que eres.

Nos vemos en el camino de la vida, hacia la automaestría.

Gracias de corazón.

Biniamar, diciembre de 2023.

Un reto y un ritual

Cuando así lo sientas, será un honor ser testigo de tu viaje de sanación a través de Instagram. Te reto a que me etiquetes con #ElPoderDeSanarTuInfancia. Me encantará saber qué te ha aportado este libro, qué ejercicios te han removido, qué perspectivas te ha abierto, y que me hagas preguntas, si necesitas que te guíe.

Pero, sobre todo, relee estas páginas a menudo, hazte experta en *hackear* lo que no va a tu favor de tu pasado y comienza ya a desplegar tu potencial para crear tu mejor futuro.

Descárgate el ritual de empoderamiento para honrar tu existencia en el siguiente QR y celébrate:

BIBLIOGRAFÍA PARA SEGUIR PROFUNDIZANDO

Bolen, J. S. (2006). *El millonésimo círculo*. Kairós.

Bourbeau, L. (2014). *Las cinco heridas que impiden ser uno mismo*. Alfaomega.

Bowlby, J. (2009). *Una base segura: aplicaciones clínicas de una teoría del apego*. Paidós.

Bradshaw, J. (2015). *Volver a casa: recuperación y reivindicación del niño interior*. Gaia Ediciones.

Couture, L. y Taub, L. (2011). *Sabiduría casera: Un camino hacia la salud y la paz*. Tikun Olam Books.

Forward, S. (2002). *Toxic Parents: Overcoming Their Hurtful Legacy and Reclaiming Your Life*. Bantam.

Forward, S. (2013). *Padres que odian*. Debolsillo.

Greene. L. (1994). *Los luminares*. Urano.

Gutman, L. (2009). *La revolución de las madres*. RBA Libros.

Judith, A. (2017). *Chakras, las ruedas de la vida*. Arkano Books.

Liedloff, J. (2016). *El concepto del continuum*. Editorial Ob Stare.

Mein, C. L. (2013). *Releasing Emotional Patterns with Essential Oils*. VisionWare Press.

Miller, A. (2020). *El drama del niño dotado y la búsqueda del verdadero yo*. Tusquets Editores.

Pikler, E. (1984). *Moverse en libertad*. Narcea.

Povo, M. (2028). *Geometría y luz*. Isthar Luna-Sol.

Reichert, E. (2011). *Infancia, la edad sagrada*. Ediciones La Llave.

Salvat, M. (2015). *Tú eres yo*. Agapea.

Schucman, H. (1992). *Un curso de milagros*. ACIM.

Schützenberger, A. A. (2013). *¡Ay, mis ancestros!*. Aguilar.

Steiner, R. (2013). *Primer septenio*. Editorial Rudolf Steiner.

Stern, A. (2013). *Yo nunca fui a la escuela*. Litera Libros.

Tolle, E. (1007). *El poder del ahora*. Gaia Ediciones.

Trismegisto, H. (2020). *El Kybalion*. Sirio.

Vitale, J. y Hew Len, H. (2011). Cero *límites: las extraordinarias enseñanzas del ho'oponopono, el método hawaiano para purificar tus creencias*. Ediciones Obelisco.

Webster, B. (2021). *Sanar la herida materna*. Editorial Sirio.

Wild, R. (2006). *Libertad y límites: Amor y respeto*. Herder.

Woodman, M. (2021). *Abandonar el hogar paterno: Viaje hacia una feminidad consciente*. Obelisco.